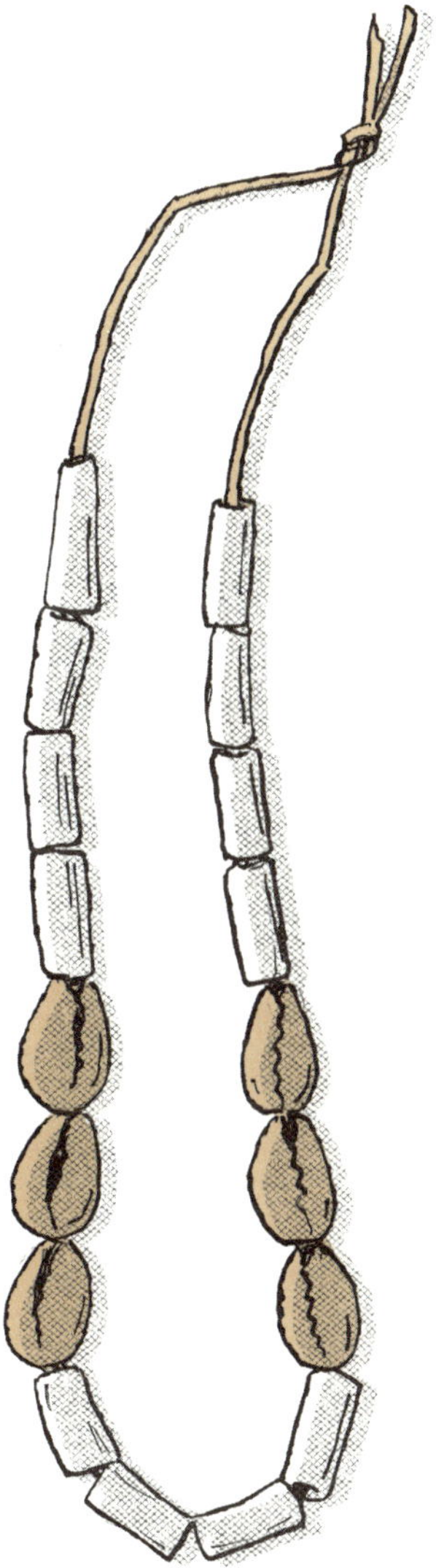

13歳からの考古学

冒険考古学
失われた世界への時間旅行

堤 隆

画＝北住ユキ

新泉社

もくじ

おもな登場人物　5
プロローグ　6
第1章　白い鹿《マーク》――4万年前　9
第2章　東《とう》京《きょう》郊《こう》外《がい》――現代　47
第3章　青い実《クリ》――1万年前　79
第4章　多《た》摩《ま》蘭《らん》坂《ざか》――現代　103

第5章 赤い魚《ラッシ》——5000年前 135

第6章 栃《とち》原《ばら》岩《いわ》陰《かげ》——現代 159

第7章 失われた翼《シツビ》——3000年前 183

第8章 神《こう》津《づ》島《しま》——現代 209

エピローグ 234

過去の時空を旅して——この本を読んでくださったみなさんへ 237

読書案内 242

デザイン＝三木俊一（文京図案室）

おもな登場人物

加藤隼人（カトウ・ハヤト）
この物語の主人公。中学1年生で13歳《さい》。東京都《とうきょうと》八王子《はちおうじ》市のマンションに母親と二人暮らし。考古ボーイ。

堀　進（ホリ・ススム）
東京都埋蔵文化財《まいぞうぶんかざい》センター調査《ちょうさ》研究員。都内の遺跡調査《いせきちょうさ》を仕事とし、隼人《はやと》に遺跡発掘現場《いせきはっくつげんば》でさまざまな体験《たいけん》をさせてくれる。

松田翔子（マツダ・ショウコ）
東都《とうと》大学の大学院生、マスター（修士《しゅうし》過程）の2年生。隼人《はやと》を弟のようにかわいがって、考古学の最前線へとつれていってくれる。

プロローグ

これから僕《ぼく》が経験《けいけん》した不思議《ふしぎ》な旅について、みなさんに正直にお話ししようと思う。

普通に考えればあり得《え》ない話なので、にわかには信《しん》じていただけないかもしれない。

ＡＩと呼《よ》ばれる人工知能《じんこうちのう》がめざましい進化を遂《と》げ、さまざまな技術革新《ぎじゅつかくしん》が日々なされ、もはや実現不可能《じつげんふかのう》なことはないようにも思えてしまう今日である。

でも、絶対《ぜったい》に不可能《ふかのう》なことがある。

それは時間を自由にあやつることだ。

もし失《うしな》った過去《かこ》が取り戻《もど》せたら、僕《ぼく》にはもう一度やり直したいことが山ほどある。気まずい思いで別《わか》れたきりの友達《ともだち》とも、よりが戻《もど》せるかもしれない。

プロローグ

プライベートなことばかりではなく、歴史《れきし》も大きくその流れを変え、第二次世界大戦は回避《かいひ》され、ヒロシマに原爆《げんばく》が投下されずにすむかもしれない。

でも歴史《れきし》に〝もしも〟はない。

そのことは十分知っている。

なぜなら僕《ぼく》は考古学研究者だからだ。

失礼《しつれい》、自己紹介《じこしょうかい》があとさきになってしまった。

僕《ぼく》の名は加藤隼人《かとうはやと》。現在、東都《とうと》大学考古学研究室の講師《こうし》をしている。29歳《さい》、独《どく》身《しん》。専門《せんもん》は先史《せんし》考古学、旧石器《きゅうせっき》時代と縄文《じょうもん》時代の社会のしくみの研究をしている。

これからお話しすることは、僕《ぼく》が中学校1年生の時に体験《たいけん》した不思議《ふしぎ》な旅だ。

その時の出来事は今思い出しても、ほんとうに起きたことなのか、白日夢《はくじつむ》であったのかがわからなくなってしまうことがある。ただ、真実にせよ、夢《ゆめ》にせよ、その出来事が、僕《ぼく》を考古学の道へといざない、研究者の、いや人間としての僕《ぼく》の血となり肉となってきたことだけは確《たし》かだ。

研究室で僕《ぼく》は、松田翔子《まつだしょうこ》准教授《じゅんきょうじゅ》、佐伯弘《さえきひろし》教授《きょうじゅ》などと、遺跡《いせき》の発掘調査《はっくつちょうさ》や研究に従事《じゅうじ》しながら、考古学専攻生《せんこうせい》の教育や論文指導《ろんぶんしどう》にあたっている。でも最近《さいきん》は考古学も、実社会《じっしゃかい》でほとんど役に立たないと学生からは敬遠《けいえん》されがちである。

しかし実際《じっさい》のところ、過去《かこ》へと飛《と》び立った僕《ぼく》の翼《つばさ》は、神秘《しんぴ》と驚《おどろ》きの世界を漂《ただよ》っている。そして過去《かこ》をふり返ることは、未来《みらい》を見通す行為《こうい》でもあるのだ。したがって若《わか》いみなさんにこの本の頁《ページ》をめくっていただき、少しでも考古学に魅力《みりょく》を感じていただくように、数奇《すうき》な物語を書き残そうと、あえて筆をとった。

あとはこの本が、読者諸氏《どくしゃしょし》の心地《ここち》よい睡眠《すいみん》の材料とならないことを願《ねが》うばかりである。

考古学研究室にて　加藤隼人

第1章 白い鹿《マーク》

——4万年前

奇妙《きみょう》なサイト

少し眠《ねむ》っていたようだ。

目をさますと、まわりの景色《けしき》がぜんぜん違《ちが》っていることに気づいた。

道路も電柱《でんちゅう》もコンビニも、家すらない。

見渡《みわた》すかぎりの草原。

まばらに背《せ》の高いクリスマスツリーのような木がある。もみの木ってヤツだろうか。

それになんだか体がゾクゾクする。とっても寒い。今は5月のはずなのに。もしかしたら12月か?

でも、まさかのサンタはいない。どうしてこんなところにいるんだろう?

そうだ! ……よみがえってきたのは、ゆうべの記憶《きおく》。

第1章

白い鹿――4万年前

ゆうべ10時、いつものようになんとなくスマホをいじっていたら、妙《みょう》なサイトが出てきた。

〝石器《せっき》時代への招待《しょうたい》〟とあり、アドレスはhttp://www.stoneage.com。

真っ黒な画面に白い文字のコンテンツが並び、4万年前、2万年前、1万年前、5000年前、3000年前……と気に入った年代への旅が選べるようになっていた。そして戻るボタンがあって、それで現代《げんだい》に戻《もど》れるようだった。

〝ヤバイ系サイト〟かもしれない？

いやな予感《よかん》も……。

でも、石器《せっき》時代が舞台のサバイバル・ゲームなのかとも思い、のぞいてみたいという超好奇心《ちょうこうきしん》も……。そこで思い切って、Enterをタップした。すると顔認証《かおにんしょう》のサインが点灯《てんとう》しはじめた。

「いけ～っ！」拳《こぶし》をにぎりしめる。

やがて見たことのない画面《がめん》が開《ひら》いた。

なんと！　ログイン成功。ブックマークも忘《わす》れずにしておいた。

次に4万年前のコンテンツを選《えら》んでタップ。

しまった！

注意書きが目に飛《と》び込《こ》んできたのは、タップした瞬間《しゅんかん》だった。

「氷河期《ひょうがき》の旅におつれすることを約束《やくそく》します。ただし生命の保証《ほしょう》はできません」

だからこの凍《こご》えるような景色《けしき》の中にいるんだ。

「生命の保証《ほしょう》って……」

大きな不安《ふあん》がボクにのしかかってきた。

白い鹿《マーク》

「パオ～ン」

背後《はいご》から鳴き声がする。

これは典型的《ステレオタイプ》なゾウの声のハズだが……ふり向くと、やっぱりゾウだった。

マジかよ！

ゾウなんて上野動物園以外《いがい》で見たことない。しかも図鑑《ずかん》で見たあのナウマンゾ

ウにそっくりだ。

あれ～、絶滅《ぜつめつ》したハズじゃ？

でも、考えてる余裕《よゆう》なんかなかった。

白いキバを突《つ》き立てるように、ナウマンゾウ風の巨大生物《きょだいせいぶつ》は、シワシワなグレーの巨体《きょたい》ごと地響《じひび》きを立てながら、ボクのほうに突《つ》っ込《こ》んでくる。

あぶない！

そう思った瞬間《しゅんかん》、誰《だれ》かがボクの背中《せなか》を押した。

見慣《みな》れない毛皮《けがわ》のパーカを着た髪《かみ》の長い少年だった。年はボクと同じくらいだろうか。手には細い棒《ぼう》。棒《ぼう》の先には黒い石みたいなものがくっついている。

間一髪《かんいっぱつ》！

ゾウはボクと彼《かれ》の横をズシン・ズシンとすり抜《ぬ》けていった。

とにかくゾウにやられずに、ぎりぎり助かったのだ！

彼《かれ》はボクに向かって何かしゃべった。不思議《ふしぎ》なコトバだった。日本語じゃないことは確《たし》かだ。だけど……なんとなく懐《なつ》かしいヒビキもする。彼《かれ》の顔は、友達《ともだち》のアキラとそっくりだ。でも、日本語をしゃべってないので、日本人じゃないのかな？　ボクは混乱《こんらん》した。

「キミのおかげで助《たす》かったよ」

ボクは、彼に向かってそう言い、ニコッと笑《わら》いかけた。

彼《かれ》も手で何か合図《あいず》をしたが、ボクの言っていることはぜんぜん理解《りかい》できないようだった。まっ、いっか。どうやら敵《てき》じゃなさそうだし。

彼《かれ》は、ボクの顔を不思議《ふしぎ》そうにのぞき込《こ》んだ。まるで宇宙人《うちゅうじん》でも見るかのように。とくに彼《かれ》には、ボクのかけている眼鏡《めがね》が奇妙《きみょう》に見えたようだった。

ボクは眼鏡《めがね》をはずして彼《かれ》に見せ、「メガネ」と言ってみた。

「メガ」と彼《かれ》は言ったが、なぜか「ネ」までは出てこない……。

「ハヤト」

ボクは、今度は自分を指差《ゆびさ》し、名を名乗《なの》った。名前を何度か繰《く》り返《かえ》すと、

「ハ、ヤ、ト?」

おぼつかない言葉だが、彼《かれ》はボクの名をなんとか呼《よ》んでくれた。

(あ、そういえば……)

この世界に入ってきた時のサイトに、言葉の説明《せつめい》があったのを思い出した。

「このサイトの通訳機能《つうやくきのう》〈その他の言語《げんご》〉を選択《せんたく》いただければ、ご旅行先の言語《げんご》を音声通訳《おんせいつうやく》します」

また、「スマホのスピーカー音量《おんりょう》を上げていただければ、相手にあなたの言葉を通訳《つうやく》した音声《おんせい》が聞こえます」とあった。

ボクは〈その他の言語《げんご》〉モードを選択《せんたく》し、イヤホンに無線通信《むせんつうしん》で音声翻訳《おんせいほんやく》を飛《と》ばすことにした。

すると、さっそく彼《かれ》の言葉が飛《と》び込《こ》んできた。

「行《い》っくぞ〜」

キャンプサイト

別《べつ》の世界に舞《ま》い込《こ》んだらしいボクは、いずれにしても、彼《かれ》のあとをついていくしかなかった。

「おれ、マーク、よろしく」

途中《とちゅう》、彼《かれ》が手を差《さ》し出《だ》し、わけわかんない彼の言葉の通訳《つうやく》が耳に届《とど》いた。

マークって、おいおい、おまえアメリカ人かよ⁇

あとでわかったことだが、〝マー〟とは白いという意味《いみ》、〝ク〟とは鹿《しか》をあらわし、つまり白い鹿《しか》というのが彼《かれ》の名前ということだった。

白い鹿《マーク》は、ぶ厚《あつ》い靴下《くつした》のような毛皮の靴《くつ》を履《は》いていて、ものすごいスピードで草原をかけ抜《ぬ》けていく。

ボクはスニーカーのヒモがほどけたのが気になっていたが、結《むす》んでいる余裕《よゆう》はなかった。彼《かれ》に置《お》いていかれそうだったから。

「待ってー！」

ハアハア……。

30分も走っていないだろうけど、もう限界《げんかい》だ。体力ナイし、体育キライだし、カンベンしてほしい。スポーツドリンク飲《の》みたい。

そしたら急に視界《しかい》が開け、丘《おか》の上に出た。

丘《おか》の上には三角屋根のテントが10張《は》りくらい、サークル状《じょう》に並《な》んでいる。キャンプ場みたいだ。

テントは、細い丸太を円錐形《えんすいけい》に組み、その上を何枚もの毛皮で覆《おお》っていて、毛皮の裾《すそ》は置《お》き石でとめてあった。毛皮が1か所めくれていて、どうやら入り口らしい。屋根は高さがないので、立つと頭をぶつけてしまうかもしれない。テントの中央は広場になっていて、焚《た》き火の前にいる男性が白い鹿《マーク》に向《む》かって手をふったが、後ろにいるボクを見てたちまちケゲンそうなカオになった。白い鹿《マーク》が男性に近づいていって何か説明《せつめい》している。遠《とお》くてよく聞き取れないが、きっとボクのことを説明《せつめい》しているんだろう。「決して怪《あや》しいもんじゃない」とか、なんとか。

男性は白い鹿《マーク》といっしょにボクのほうに近づいてきた。よく見ると男性は、目のあたりが白い鹿《マーク》そっくりだ。ははー、父さんか。しかし開口一番《かいこういちばん》、

「ここはおまえのようなヨソ者が来るところじゃない！　帰ってくれ！」

まさかの拒絶《きょぜつ》。いや、当然《とうぜん》といえば当然《とうぜん》だ。

どう見てもボクの格好《かっこう》は浮《う》いていて、怪《あや》しすぎる。キャラTシャツにカーゴパンツ、そして眼鏡《めがね》の人間は、少なくともこのキャンプには一人もいそうにないからだ。みんな暖《あった》かそうな毛皮のパーカをはおっている。だってこの気温だから。

そしてボクは途方《とほう》に暮《く》れた。

森のすみっこで長い時間うなだれていた。すると、説得《せっとく》を続《つづ》けてくれていた白い鹿《マーク》がやってきて、父親の許《ゆる》しがなんとか出たという。

「オマエ悪《わる》い奴《やつ》じゃなさそうだな」

確《たし》かにボクは、マヌケには見えても、悪人《あくにん》には見えないだろう。

「メークだ」

イヤホンから野太《のぶと》い父の声。

父親はメークという名前らしい。でも化粧《けしょう》はしていなかった。褐色《メーク》の鹿という意味であることがあとでわかった。

干《ほ》し肉

なぜか、そのあと褐色《メーク》の鹿さんはボクにとても好意的《こういてき》になった。

半袖《はんそで》のボクがとても寒《さむ》そうに見えたのだろう、テントから皮のパーカとズボンを出してきてくれた。ややゴワゴワしていたが、着替《きが》えるとけっこう暖《あたた》かかった。

これでボクはようやく彼《かれ》らに受け入れてもらった気がした。

ボクは、着替《きが》える時、カーゴパンツのポケットにビタミンのどアメが入ってい
ることに気がついた。

パーカのお礼《れい》にプレゼントしよう。

差《さ》し出《だ》された褐色《メーク》の鹿さんの手は、ざらざらとして細《こま》かなキズがあり、爪《つめ》の中は汚《よご》れて黒かった。手を洗《あら》ってないのかなぁ。

のどアメの黄色《きいろ》いパッケージを不思議《ふしぎ》そうに眺《なが》めているが、どうやらアメというものがわからないらしい。ボクはもう1個のアメの封《ふう》を切って、自分でなめてみせた。

褐色《メーク》の鹿さんも小《ち》っちゃな袋《ふくろ》をやぶいて、口にほうり込《こ》んだ。ちょっと酸《す》っぱそうな顔をしてから、

「ゴクリ!」

一気《いっき》に飲《の》み込《こ》んでしまった。

あ〜あ……アメをなめたことないのかよ。

今度は、彼がテントのほうからビーフジャーキーみたいな、干《ひ》からびた肉を持ってきた。どうやらアメへのお返《かえ》しらしい。お腹《なか》もへっていたし、ボクは干《ほ》した肉にかじりついた。

うん、けっこういける。

コーラがほしいとこだけど、自販機《じはんき》も見当たらない。あたりまえだけど。

よく見ると物干《ものほ》しの靴下《くつした》みたいに、たくさんの肉がテントの前に干《ほ》してある。肉にはハエみたいな虫が何匹《なんびき》もたかっていた。え～、あれ食ったの？

別のテントの前では、男性が石のカケラで、動物の胴体《どうたい》から肉を切り取っている。時おり肉を生《なま》のまま口に入れている。

今度は白い鹿《マーク》がその生《なま》肉を持ってきて、うまそうに口に入れた。そして白い鹿《マーク》はもう一切れをボクに差《さ》し出《だ》した。

「いや～、ムリ、ムリ」

カンベン、ってなポーズで、ボクはなんとか断《ことわ》った。

白い鹿《マーク》は生肉《なま》を噛《か》み終《お》えるとこう言った。

「これから穴掘《あなほ》りに行く。一緒《いっしょ》に来るか？」

「あっ、行く行く。行きま～す！」

「んじゃ、これ！」

白い鹿《マーク》がポンと渡《わた》してくれたのは、ただの先が尖《とが》った棒《ぼう》だった。

「えっ！　これで掘《ほ》るの⁇」

その棒《ぼう》を杖《つえ》がわりに、ボクらは谷をいくつか越《こ》え、見通しのいいゆるやかな斜《しゃ》面《めん》に出た。斜面《しゃめん》を横切るように一列に並《なら》んで、すでにいくつかの穴《あな》が掘《ほ》られていた。ラッパのように上が開いた丸い穴《あな》で、大人《おとな》がすっぽり埋《う》まるくらいだった。

「深《ふ》け〜、マジかよ」

先が尖《とが》っただけのその棒《ぼう》は、土をついて起こすだけ。スコップのように土をすくい上げることがまったくできない。起こした土は、穴《あな》の奥底《おくそこ》から地上に引《ひ》っ張《ば》り出さなければ意味がない。バケツみたいな道具もなく、皮で土を包《つつ》んで、少しずつ運び出したのだった。

およそ一日かかって、やっとひとつ掘《ほ》ったそのラッパ状《じょう》の穴《あな》の上に、枝《えだ》をかぶせ、草で覆《おお》って穴《あな》が見えないようカモフラージュした。

じっと手のひらを見ると、マメができて皮《かわ》がむけていた。

(ほんと、ショベルカーでもあれば楽《らく》なのに)

「いいんじゃね」

白い鹿様《マーク》のお許《ゆる》しが出て、ようやく落《お》とし穴《あな》の完成《かんせい》となった。

落《お》とし穴《あな》猟《りょう》

そして翌日《よくじつ》、ボクらは落《お》とし穴《あな》を見回りに来て、じっと茂《しげ》みに身をひそめた。

ド・ド・ドッ!

大地をゆすりながら、すさまじいスピードで動物が走ってくる。イノシシだ!

(いいぞ! いいぞ! そのまま、そのまま。まっすぐ来い)

心の中でそう祈《いの》った。

斜面《しゃめん》には、たくさんの落《お》とし穴《あな》。きっとどれかに飛《と》び込《こ》むはずだ。するとイノシシはシナリオ通りに、草で覆《おお》われたラッパ状の穴《あな》の中に飛《と》び込《こ》んだ。

白《しろ》い牙《きば》、泥《どろ》で汚《よご》れた毛並《な》み、唾液《だえき》が垂《た》れる口。なんとか穴《あな》から這《は》い出《だ》そうと、必死《ひっし》にもがいてる。

「今だ! やれ!」

褐色の鹿《メーク》が、白い鹿《マーク》に指令《しれい》。

白い鹿《マーク》は茂《しげ》みからおどり出ると、黒い石のついたヤリを穴《あな》の中のイノシシに投《な》げつけた。見事命中《めいちゅう》！

「フゴッ、フゴッ、フギー」

イノシシが狂《くる》おしく鳴き叫《さけ》ぶ。今度は褐色の鹿《メーク》が2発目のヤリ。おしりのあたりに命中だ。でもまだイノシシは、もがいている。

白い鹿《マーク》が目でボクに合図《あいず》。ボクが持っているヤリを投《な》げろということらしい。

（えっ、そんな～。動物殺《ころ》すなんてヤダよ～。とっても痛《いた》そうだし、かわいそうだよ）

でも、白い鹿《マーク》はもう一度目で強力《きょうりょく》に合図《あいず》。投げるしかない状況《じょうきょう》だった。

「おりゃ～！」

オリンピック選手《せんしゅ》になった気分で、思い切ってボクはヤリを投《な》げた。そしてヤリは放物線《ほうぶつせん》をえがくと、しっかりと突《つ》き刺《さ》さった。

ただし……穴《あな》の壁面《へきめん》に！

着火《ちゃっか》

次の日、ボクらは石を拾《ひろ》いにキャンプの下の川原《かわら》に出た。川べりでにぎり拳《こぶし》ほどの石を20個くらい集めると、毛皮のマットにのせ、マットに棒《ぼう》を通《とお》して二人で担《かつ》いだ。

「重《おも》っ！」

棒《ぼう》が肩《かた》に食《く》い込《こ》んでヒリヒリする。

石をキャンプの広場に運《はこ》びこむと、白い鹿《マーク》は枯《か》れ枝《えだ》と枯《か》れ草《くさ》を持ってきた。そして腰《こし》に下げた皮のポシェットから細い棒《ぼう》といくつも穴《あな》の開いた板《いた》を取り出した。

ペッ、ペッ！

白い鹿《マーク》は手に唾《つば》をかけ、細い棒《ぼう》を穴《あな》にあてて、しゅるしゅると両手でこすりだす。

コゲくさいニオイとともに白い煙《けむり》が立ち、黒い粉《こな》がこぼれ落《お》ちた。粉《こな》の先はタバコの火みたいに赤くなっている。

赤くなった火の粉《こ》を枯《か》れ草《くさ》にそっと移《うつ》す。フーフーと息を吹《ふ》くと、たちまち火がおきた。その間《かん》なんと数十秒《すうじゅうびょう》、スゲッ！

その中に枯《か》れ枝《えだ》をくべた。パチパチ音がして、火が大きくなっていく。

「やってみな」

白い鹿《マーク》はボクに細い棒《ぼう》を渡《わた》した。

できるかな〜？

手をふって断《ことわ》りながらも、まねごとをすればいいか、と思った。音楽の授業《じゅぎょう》のニガテなリコーダー合奏《がっそう》で、指だけ動かして吹《ふ》きマネをしてた時みたいに。

しかし、棒《ぼう》をこすっているうちに、ボクの本気《ほんき》モードに火がついた……のはいいんだけど、いくらこすっても、結局《けっきょく》ボクは火をおこすことができなかった。ただひとつボクにできたのは、手のひらのマメだけだったのだ。

考えてみると、大きな火を見たのは小5の時、長野のキャンプ場でのキャンプファイヤー以来《いらい》だ。だいたいウチには火なんてものはない。あっためるのはレンジでチン。コンロは電磁式《でんじしき》だし、暖房《だんぼう》もエアコンだ。タバコはうちでは誰《だれ》も吸《す》わないし。

苦労《くろう》して火をおこさなくたって、スイッチひとつで料理はできる。朝から晩《ばん》まで仕事で忙《いそが》しい母さんが、買ってくるのはカット野菜《やさい》。時間短縮《じかんたんしゅく》。切らなくてすむもんね〜。そしたらそれをレンジで蒸《む》し野菜《やさい》に。油《あぶら》使わないからヘルシーだし。あとはポン酢《ず》をかけて食べるだけ。

それに何かたりなきゃ、近くのコンビニまで走ればいい。ボクが今までいたのは、ほんと便利《べんり》な世の中だったのだ。

でも、今いるのは何もない氷河期《ひょうがき》の世界。

そしてただひとつ確《たし》かなことがある。それは、もしボクが一人だったら……このサバイバルワールドでは絶対《ぜったい》生きてはいけないということだ。

石《いし》蒸《む》し料理

焚《た》き木をどんどんくべると、火は勢《いきお》いよく燃《も》え上がった。川で拾《ひろ》った拳大《こぶしだい》の石を火の中に投入《とうにゅう》する。

白い鹿《マーク》は昨日《きのう》獲《と》ったイノシシの肉を持ってきて、鋭《するど》い石《いし》のカケラで上手《じょうず》にスライスした。

「この肉、葉っぱでこんな風にくるんでくれないかな」

白い鹿《マーク》は白い脂身《あぶらみ》のついた肉のかたまりを2、3個、大きな葉っぱでくるんで、草のヒモで結《むす》んでみせた。

おんなじようにボクも肉の葉っぱ巻《ま》きをいくつか作る。

やがて炎《ほのお》が落ちついてきたが、石はギンギンに熱くなっているようだ。

「葉っぱ巻《ま》きの肉を石の上に並《なら》べるんだ」

「ヤケドに気をつけてな」

ボクは木の棒《ぼう》2本ではさんで、石の上に葉っぱの包《つつ》みを置《お》いていった。白い鹿《マーク》がその上にさらに石を置《お》き、石が見えなくなるまで、まんじゅうみたいに土をかぶせた。

「エー！　食べ物の上に土をかけるの⁈」

食べ物が土で汚《よご》れないのか、とても心配《しんぱい》になった。土からはモクモク湯気《ゆげ》が立っている。30分くらいたっただろうか。「も、いいかな」と白い鹿《マーク》。

木の棒《ぼう》で土を寄《よ》せ、石をどけると葉っぱでくるんだ肉が出てきた。ホカホカと湯気《ゆげ》が立っている。葉っぱを取ると肉のかたまりが出てきた。肉汁《にくじゅう》がしたたっていてうまそう。心配したが、肉にはまったく土がかかっていない。

「ゴクリ」

無意識《むいしき》にノドが鳴《な》った。

まずは褐色の鹿《メーク》が試食《ししょく》、続《つづ》いて白い鹿《マーク》、そしてボクの番。

脂《あぶら》が乗ってて、とてもウマかった。イノシシだけど……。

欲《よく》をいえば、塩《しお》＋コショウか、バーベキューソースがほしかった。でも、そういった調味料《ちょうみりょう》はいっさいないようだ。調味料《ちょうみりょう》を入れるような容器《ようき》もいっさいなかったし。白いご飯《はん》だって、ほしかった。それに野菜《やさい》サラダも。

でも、彼《かれ》らは蒸《む》した肉だけをひたすらムシャムシャ食べている。

「肉ばっかり食べてないで、野菜《やさい》もキチンととりなさい！」

突然《とつぜん》、母さんの口《くち》グセが降《ふ》ってきた。でも、野菜《やさい》というものは、この氷河期《ひょうがき》の世界には存在《そんざい》しないらしい……。

それにしても母さんは何をしているのだろうか、今頃《いまごろ》。

誕生《たんじょう》

ポンポコにふくれた白い鹿《マーク》のお母さんのお腹《なか》にさわらせてもらった。なんかモゾモゾ動いて、白い鹿《マーク》の妹チャンだか、弟クンだかが中にいる雰囲気《ふんいき》。

「ふ〜」

毛皮のワンピースの下、見るからに重《おも》そうなお腹《なか》に手をあて、お母さんはやっと歩いている。もうすぐ生まれそうだ。

日差《ひざ》しがだんだん強くなってきて、葉っぱの影《かげ》が濃《こ》くなってきたその日、お母さんは顔をゆがめて、苦《くる》しみだした。

お母さんはキャンプのすみにある小さな木の下に毛皮のマットを敷《し》いて横たわり、枝《えだ》から伸《の》びたツルにつかまっている。

白い鹿《マーク》のおばあちゃんがやってきて、お母さんの腰《こし》をさすり始めた。

お母さんの息づかいが荒《あら》くなってきた。おばあちゃんは、腰《こし》をさすりながら、声をかけ続《つづ》けている。

「ス、スッ、フーッ」

吸《す》って、吸《す》って、吐《は》いて〜、みたいな息《いき》。

「がんばれ〜」

ボクも自然《しぜん》に拳《こぶし》に力が入った。もちろん横にいる白い鹿《マーク》もだ。

やがてヌルヌルしたかたまりがお母さんの股《また》の間から見えた。どうやら赤ちゃんの頭らしい。

お母さんは苦しそうに顔をゆがめている。そしてお母さんの大きないきみ声のあと、おばあちゃんが無事に赤ちゃんを取り上げた。

「オギャ〜」とは泣《な》かなかったが、すごい産声《うぶごえ》があがった。

「おめでとうございます！　玉《たま》のような女の子、母子ともに無事《ぶじ》です」、産婦人《さんふじん》科《か》だったら白衣《はくい》の先生がそう言いそうだが、ここは病院ではない。単《たん》なる木陰《こかげ》だ。

初《はじ》めは女だか男だかわかんなかったが、よく見ると、アレがついてないので、すぐに女の子だとわかった。

赤ちゃんは毛皮にくるまれると、お母さんの横に寝《ね》かされた。

「白い兎《マーリ》と名づけることに決めてるの」

お母さんは疲《つか》れ切った表情《ひょうじょう》だが、優《やさ》しい目で赤ちゃんを見つめながらこう言った。

白い鹿《マーク》もホッとした様子《ようす》で赤ちゃんに顔を近づけた。

彼には弟と妹がすでに一人ずついるので、これで四人きょうだいになったわけだ。一人っ子のボクには、きょうだいが多くてうらやましい。

通り雨

通り雨がしっとりと大地をぬらす。むせるような草の匂《にお》い。栗色《くりいろ》の髪《かみ》をたばねた瞳《ひとみ》の大きな女の子が、雨が通りすぎるのを待ちかねたようにテントから顔をのぞかせた。

さえずる鳥《レイラ》。ボクらのとなりのテントにいる女の子だ。

さえずる鳥《レイラ》はときどき、母親といっしょに毛皮の仕立てをしていた。細い指先を器用《きよう》に動かし、白い骨《ほね》の針《はり》で毛皮のパーカを縫《ぬ》っている。母親はあれこれ仕立て方についてさえずる鳥《レイラ》に世話を焼《や》く。さえずる鳥《レイラ》は真剣《しんけん》に母親の指先《ゆびさき》を見つめている。

ボクが下げている革《かわ》のポーチもさえずる鳥《レイラ》が縫《ぬ》ってくれたものだ。さえずる鳥《レイラ》は母親のあとにくっついてきて、少しはずかしそうに白い透《す》き通るような指《ゆび》で、ポーチを差《さ》し出した。

不意《ふい》の贈《おく》り物《もの》にボクは返すものがなく、少しドギマギしてから、ポケットに残《のこ》っていた最後《さいご》ののどアメのことを思い出し、（てれくさいので、さえずる鳥《レイラ》でなく母親に）とりあえず渡《わた》した。

そして少し伏《ふ》し目がちにボソボソとつぶやく。

「ありがとう」

ボクはさえずる鳥《レイラ》に、心が少し傾《かたむ》きそうになった。

白い鹿《マーク》はというと、さえずる鳥《レイラ》が来ると必《かなら》ずコソコソ身を隠《かく》した。そしてときどき遠くを見て、あっちの世界にいるような目をした。

ボクにはすぐわかった。白い鹿《マーク》がどんな気持ちでいるのか。だからボクはちょっと、ムズムズする自分のさえずる鳥《レイラ》への気持ちを押《お》し殺《ころ》した。

時《とき》おり野の花を摘《つ》み、冠《かんむり》にして、栗色《くりいろ》の髪《かみ》にのせたさえずる鳥《レイラ》は女神《ミューズ》みたいだった。風が時《とき》おりミューズの髪《かみ》を解《と》く。

イチコロにならない理由《りゆう》なんてどこにもない。

神の島へ

「これから神の島に行く。われわれに生命《せいめい》を与《あた》えてくれる黒く耀《かがや》く石を採《と》りに行くんだ」と白い鹿《マーク》。

キャンプから半日森の中を歩き続《つづ》けると、ようやく海が見えた！

海岸《かいがん》にたどりつくとすでに何人かの人影《ひとかげ》があり、舟出《ふなで》の準備《じゅんび》が進められている。

ミッションは沖合《おきあ》いの小島での石の採取《さいしゅ》。石のナイフになくてはならない黒く耀《かがや》く石、いわば生命線を支《ささ》える石が神の島にあるという。

「神の石《コーク》。その石には神の力が宿っている。だからどんな獲物《えもの》でも確実《かくじつ》に射《い》ぬき、息の根を止めることができる」

となりにいた老《ろう》ハンターがつぶやくように言った。

コークだったら自販機《じはんき》で買えないのかな？　なーんて、でもコーク違《ちが》いらしい。

波打《なみう》ち際《ぎわ》には、革張《かわば》りのバナナ形の舟《ふね》4艘《そう》が並《なら》んでいる。動物のなめし革《がわ》を何十枚もツギハギしたパッチワークで覆《おお》われたボートだ。

男たちは舟《ふね》を裏返《うらがえ》しにし、表面《ひょうめん》が破《やぶ》れていないか、縫《ぬ》い目《め》の糸がほつれていないかなどを丹念《たんねん》にチェック。そして動物の脂《あぶら》のワックスを塗《ぬ》り込《こ》んだ。

木の櫂《かい》とともに、革手袋《かわてぶくろ》、革袋《かわぶくろ》、食糧《しょくりょう》の干《ほ》し肉を入れたリュックが準備《じゅんび》される。

やはり……いやな予感《よかん》が当たった。

「ハヤト、おまえは白い鹿《マーク》とともに神の島に向《む》かうのだ」

ま、まさかの……老《ろう》ハンターの指示《しじ》に耳を疑《うたが》った。

「ボク泳げません！　それに初心者《しょしんしゃ》のボクをつれてくなんて足手まとい、いや自《じ》殺行為《さつこうい》じゃないんですか？」

「おまえが足手まといなのは確《たし》かよ。だが、われわれはその試練《しれん》を与《あた》え、おまえはその洗礼《せんれい》を受けなければならん。命がけで島に渡《わた》ってこそ、われわれの一員《いちいん》ということなのだ」

「そんなこと言ったってボク、カナヅチだし……」

もちろんすぐさま初心者《しょしんしゃ》を舟《ふね》に乗せて、島に向《む》かわせるようなことはなかった。待っていたのは過酷《かこく》な訓練《くんれん》だった。

ベテランの乗組員？　たちも訓練《くんれん》はいっしょにした。（イチ・ニッ・サン、ニイ・ニッ・サン）ではないが……乗船する前には全員で、軽《かる》いストレッチ体操《たいそう》。これには笑《わら》った。

毛皮のツナギを着て、トドとかアザラシとかの海獣《かいじゅう》の内臓《ないぞう》（だと思うけど）をふくらませた救命胴衣《きゅうめいどうい》をつけ、コックピットに乗り込《こ》む。そして、両端《りょうはし》がウチワみたいになった櫂《かい》の真ん中をもって、左右交互《さゆうこうご》に漕《こ》ぐ。海面《かいめん》にグッと深く櫂《かい》を入れて漕《こ》がないと、舟は進《すす》まない。舟を傾《かたむ》けず、バランスを取るのがチョー難《むずか》しい。ときどき舟《ふね》はくるっと横転《おうてん》し、頭ごと海にジャボン！　口から鼻から塩水《しおみず》が入り、生きた心地《ここち》がしない。そんな時は白い鹿《マーク》がすぐ助けてくれた。何度も何度も練習《れんしゅう》し、なんとか横転《おうてん》しないようになった。

そして今度は沖《おき》まで出て戻《もど》ってくる練習。おそらくオリンピックのボート競技《きょうぎ》で銅《どう》メダルくらいは獲《と》れる実力《じつりょく》がついたと思う。

航海《こうかい》にあたってのボクの最大《さいだい》の心配《しんぱい》は、スマホをいかに海に落とさないように持っていくかということだった。ぬれても完全防水だから大丈夫だけど、海に没《ぼっ》したらもう現代《げんだい》にはゼッタイに帰れなくなる。とりあえず、ヒモのついた革袋《かわぶくろ》に入れて首から提《さ》げることにした。ソーラー充電器《じゅうでんき》もいっしょに。

そしてついにその日が来た。もっとも波《なみ》の穏《おだ》やかな日の訪《おとず》れを待っていたのだ。夜明けを待ってすぐ舟《ふね》を出す。

4艘《そう》の舟《ふね》それぞれに二人ずつ乗り、8人の派遣隊員《はけんたいいん》で島を目指す。

「心配いらないよ。オレが全力で援助《えんじょ》するから」

ボクは力強い白い鹿《マーク》の言葉を胸《むね》に、彼といっしょの舟《ふね》に乗り込《こ》んだ。

コバルトブルーの海原《うなばら》の先には、神の島の影《かげ》が見える。居残《いのこ》る女たちは、腰まで海水につかりながら舟《ふね》の後ろを押し、航海《こうかい》を見送った。

大きな波のうねりに、われわれの舟《ふね》は木の葉のように心細《こころぼそ》かった。

潮《しお》に大きく流される。

ボクたちは他の舟《ふね》を見失わないよう、必死についていく。腕《うで》がパンパンになった。どちらかが交替《こうたい》で休んでは、とにかく櫂《かい》を動かし続《つづ》けた。

何時間漕《こ》いだのだろう？　島が目の前に迫《せま》ってきた。

ボクはほっとしたというよりは、朦朧《もうろう》としながら、白い浜辺《はまべ》へと降《お》りた。

なんとか陽《ひ》が沈《しず》まないうちにたどりついたが、おそらく8人ともボロボロだったと思う。浜辺では、流木《りゅうぼく》を集めて焚火《たきび》。とにかく海水で冷《ひ》えた身体《からだ》を暖《あたた》めた。

そして浅瀬《あさせ》の魚を突《つ》きまくり、火で焼《や》いて喰《く》らう。

やがて夜のしじまが訪《おとず》れ、みな死んだように焚火《たきび》のまわりで眠《ねむ》った。

神《コ》の石《ク》

翌朝《よくあさ》、夜明けとともに海岸《かいがん》で石を拾《ひろ》う。ゴマシオのオニギリみたいなのが、神《コ》の石《ク》だった。よく見ると海岸を埋《う》めつくすくらいかぎりなく落ちている。

「じつは神《コ》の石《ク》を打ち割《わ》るための叩《たた》き石《いし》を見つけるのが難《むずか》しいんだ。数は少ないけど、カモメの卵《たまご》のような白い石をなんとか見つけるんだ」

大量の神《コ》の石《ク》はさておき、白い鹿《マーク》の言う白い叩《たた》き石《いし》はなかなか落ちていなかった。ときどき岩場《いわば》にあったのは本物のカモメの卵《たまご》。

「元気出るんだよな〜、これが！」

白い鹿《マーク》は卵《たまご》の殻《から》を叩《たた》いて、卵《たまご》をチュウチュウ吸《す》っていた。なんだか栄養《えいよう》ドリンクを補給《ほきゅう》しているみたいだった。

「あ、これいいかも。ハヤトにあげる！」

ようやく白い鹿《マーク》が本物《ほんもの》の叩《たた》き石《いし》を見つけ、ボクにくれた。

さっそくゴマシオの神の石《コーク》を割《わ》ってみる。

キーンといい音がして、ガラスのような鋭《するど》いカケラが取れた。まずまずだ。

「これなんかどうかな?」

ボクも卵《たまご》のようなオフホワイトの叩《たた》き石《いし》を見つけた。手にしっくりとなじむ。

白い鹿《マーク》に渡すと、彼は2、3度、神の石《コーク》を叩《たた》いてみた。

「おー、これ最高《さいこう》だなハヤト。こんなにいい叩《たた》き石《いし》ってなかなかないぞ!」

「じゃ、キミにあげるよ」

「えっ! い、いいのか!」

まあ、白い鹿《マーク》にはさんざん世話《せわ》になったから、それくらい当然だ。

彼《かれ》はその叩《たた》き石《いし》がいたく気に入ったようだった。

ボクらは叩《たた》き石《いし》で神の石《コーク》を叩《たた》きまくって、たくさんのカケラを打《う》ち剝《は》がした。

そして、いいカケラだけを選ぶ。それには理由があった。

舟《ふね》には重量制限《じゅうりょうせいげん》がある。不要《ふよう》な部分までついた原石《げんせき》を運搬《うんぱん》しては、たいへんな重荷《おもに》になる。また、戻《もど》ってから神の石《コーク》を打ち割《わ》っても、失敗《しっぱい》して粉々《こなごな》に砕《くだ》ける危《き》険性《けんせい》がある。したがって、良質《りょうしつ》なカケラだけをセレクトして運ぶのがもっとも合《ごう》

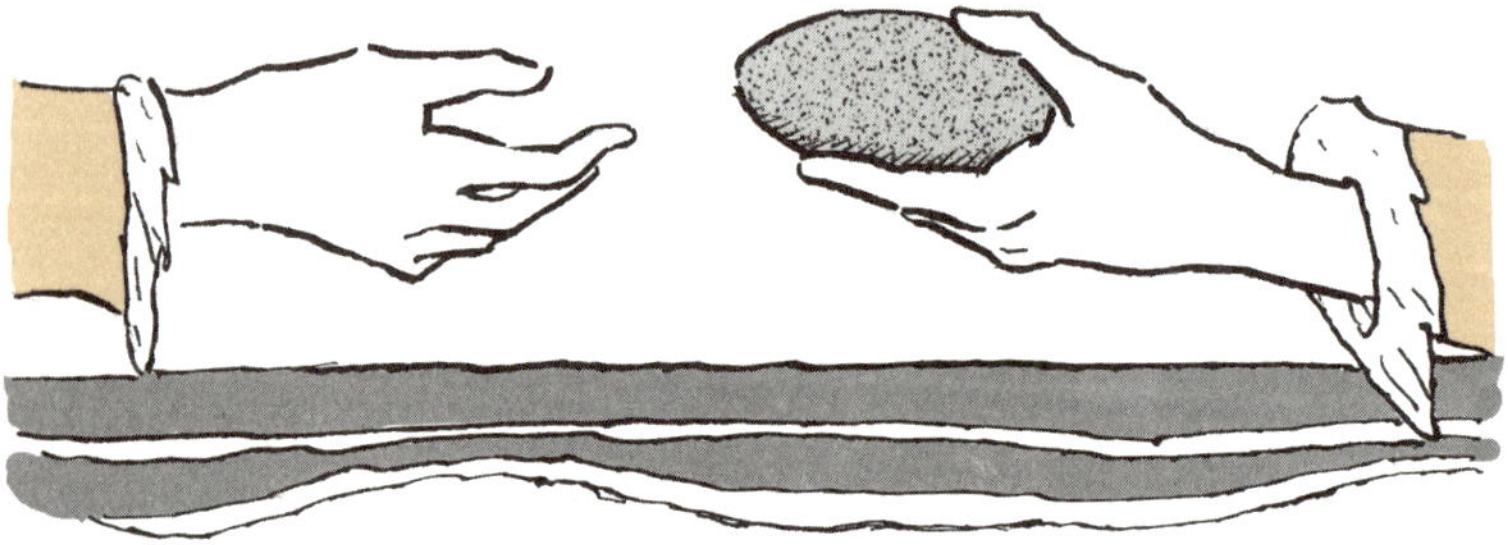

理的《りてき》なのだと白い鹿《マーク》が教えてくれた。まるで宅配便《たくはいびん》のベテラン・ドライバーのような発言だ。

石器《せっき》の材料《ざいりょう》となるカケラを十分集めると、ボクらはそれぞれの革袋《かわぶくろ》に詰《つ》めた。

そしてあす早朝《そうちょう》の舟出《ふなで》にそなえ、舟《ふね》を点検《てんけん》、魚を焼《や》いてたらふく食べてから、日没前《にちぼつまえ》に丘《おか》の上に登《のぼ》り、海風《うみかぜ》を避《さ》ける木陰《こかげ》でぐっすりと眠《ねむ》った。

火の山

島に渡《わた》るまでの航海《こうかい》でそうとうに体力を消耗《しょうもう》したボクは、正直戻《もど》れるのかが不《ふ》安《あん》だった。しかし島から望《のぞ》むと、噴煙《ふんえん》をたなびかせる大きな火山がはっきりと見えて、それがボクたちの羅針盤《らしんばん》となった。

4万年前のその山は、現代《げんだい》とはかたちが少し違《ちが》ったが、空に突《つ》き抜《ぬ》ける堂々《どうどう》とした山体《さんたい》は、富士山《ふじさん》であることに間違いなかった。

ただ、たえず噴煙《ふんえん》を上げているのが驚《おどろ》きだった。

「あの山は生きている。不死山《ブシズン》っていうんだ」

白い鹿《マーク》が山の名を教えてくれた。

そしてボクらは、不死山《ブシズン》に向かい、必死《ひっし》で櫂《かい》を漕《こ》いだ。

コバルトブルーの海原《うなばら》のうねりは、容赦《ようしゃ》なくボクらの舟《ふね》を揺《ゆ》らすが、目印《めじるし》の山が見えているのは心強かった。

やがて舟《ふね》は浜辺《はまべ》に近づいた。何人かの人影《ひとかげ》が見え、大きく手をふっている。その中には、長い髪のさえずる鳥《レイラ》の姿《すがた》もあった。

派遣部隊《はけんぶたい》8人全員が無事帰還《ぶじきかん》したのは、出発から3日後である。みな、憔悴《しょうすい》しきった真っ青な顔をし、ブルブルと震《ふる》えていた。

大きな焚火《たきび》に身体《からだ》を寄《よ》せると、さえずる鳥《レイラ》が背中《せなか》に厚手《あつで》の皮《かわ》の毛布《もうふ》をかけてくれた。

困難《こんなん》な航海《こうかい》をへて、ようやくボクもみんなの一員《いちいん》になれたと思った。

戦利品《せんりひん》の神の石《コーク》が入った革袋《かわぶくろ》を、迎《むか》えてくれた人たちに渡《わた》す。

みんな小《こ》おどりして喜《よろこ》び、肩《かた》を叩《たた》き合った。

焚火《たきび》にあたるボクの横で、白い鹿《マーク》が申《もう》し訳《わけ》なさそうにつぶやいた。

「ゴメン、島に君からもらった大事《だいじ》な叩《たた》き石《いし》を忘れてきちゃった。たぶん最後に睡眠《すいみん》をとった丘《おか》の上の草原の中だったと思う」

「気にしないで」とボク。

「また今度拾《ひろ》ってくればいいサ」

やがて島から運ばれた神の石《コーク》のカケラを使っての石器《せっき》づくりが始まった。

白い鹿《マーク》は、キュウリくらいの長さに切られたシカの角《つの》を、半透明《はんとうめい》でピカピカな肌《はだ》を見せる神の石《コーク》のカケラに打ちつける。

小指の先くらいの小さな破片《はへん》がいくつも取れ、ほんの10分程度でペン先のようなかたちの石器《せっき》が完成した。

ヤリ先につけられる石器《せっき》だ。ガラスみたいに鋭《するど》く、獲物《えもの》の息の根を確実《かくじつ》に止めそうだ。

ボクもシカの角《つの》を渡《わた》され、見よう見まねで神の石《コーク》に打ちつける。

なんだか指《ゆび》の先が急に熱《あつ》くなった気がした。小さなカケラが指《ゆび》に刺《さ》さり、何かがポタポタと落ちている。

「血だ！　絆創膏《ばんそうこう》、絆創膏《ばんそうこう》」

ボクはそう言いながら慌《あわ》てふためいたが、氷河期《ひょうがき》に絆創膏《ばんそうこう》があるわけない。仕方《しかた》なく切った指をしゃぶっていたら、やっと血が止まった。

その時、かすかな揺《ゆ》れを感じた。そして……

「ゴ、ゴーッ」

地響《じひび》きというのか、重く低《ひく》い音がし、大地が震《ふる》えた。

ボクには一瞬《いっしゅん》何が起きたのかわからなかった。

「ド、ド、ド、ドバーン」

ふり返《かえ》ると不死山《ブシズン》が突《つ》き上《あ》げるような高い火柱《ひばしら》を上げて噴火《ふんか》していた。湧《わ》き上がる黒い噴煙《ふんえん》は天に到達《とうたつ》し、その中には時《とき》おり稲妻《いなずま》が閃《ひらめ》いていた。ボクらは身を寄《よ》せるようにして、ただただ空を仰《あお》いでいた。

第2章

東《とう》京《きょう》郊《こう》外《がい》

——現代

カムバック

「ハヤト～、起きな～！」

いつもの朝、母さんの声。ボ～ッとした頭にキンキン響《ひび》く。

「学校遅《おく》れるよ!!」

まだしょぼしょぼする目をこすって、ボクはベッドから身体《からだ》を起こした。

「ふぁ～、あ」

両腕《りょううで》を伸《の》ばし、大きなアクビをした。考えてみると……。

ボクは確《たし》か昨晩《さくばん》、スマホで「4万年前」のボタンをタップし、あっちの世界に2～3か月は滞在《たいざい》していたはずだ。少なくとも春から夏にかけては……。でも、明らかに今は、タップから一晩《ひとばん》明けただけだ。つまり4万年前の何か月かにおよぶ出来事は、一晩《ひとばん》寝《ね》ている間のわずかな時間に起きていたということになる。

不思議《ふしぎ》だった。

でも、これじゃあ母さんも、ボクがどこを旅していようと気づくはずがない。

4万年前の世界からこの現実《げんじつ》世界に戻《もど》ってきたのは、火山噴火《ふんか》を目《ま》の当たりにしたあとだった。白い鹿《マーク》たちが噴火《ふんか》をきっかけにキャンプを移動《いどう》すると言い始めたので、ちょうどボクも潮時《しおどき》かな、と考え、スマホの［戻る］ボタンをタップしたのだった。

ほんとうに戻《もど》れるのか、ボクは不安《ふあん》だったが、タップのあとは眠《ねむ》ってしまったらしい。そして目覚《めざ》めるといつもの自分のベッドの中にいた、というわけだ。

ボクは寝《ね》グセもそのままに、急いで中学校へと向《む》かった。

都《と》マイブン

「おまえ考古学に興味《きょうみ》があんだって」

3組の伊藤《いとう》先生の声が、学校の廊下《ろうか》の後ろから響《ひび》いた。

先生のあだ名は〝原人《げんじん》〟。眉《まゆ》の上が飛《と》び出て、ゴツイ顔、歴史《れきし》の本に出てくる北京原人《ペキンげんじん》にそっくりだからだ。たぶん、人類進化《じんるいしんか》に乗《の》り遅《おく》れたんだろう。

「だったらトマイブンに行ってみな。オレの高校の同期《どうき》が、遺跡《いせき》の調査《ちょうさ》やってっから」

これは一昨日の話。

家に帰ってボクがまずしなければならなかったのは、間近《まぢか》に迫《せま》ったテスト対策《たいさく》より先に原人《げんじん》の言っていた「トマイブン」をネットで検索《けんさく》することだった。母さんにはゼッタイ見つからないように。「そんなことよりテストはどうするの」という母さんの声が聞こえてくるようだ。

検索《けんさく》サイトの画面の上から4番目に現《あらわ》れたのは「東京都埋蔵文化財《とうきょうとまいぞうぶんかざい》センター」。

「ああ、これが都埋文《トマイブン》か」

ボクが住んでいるのは東京都八王子市《はちおうじし》。最寄《もよ》り駅《えき》は京王線《けいおうせん》の南大沢《みなみおおさわ》駅。「都《と》マイブン」のある京王多摩《けいおうたま》センターはそこから2駅目、たった5、6分しかかからない。しかも「都《と》マイブン」は駅のすぐとなりにあった。「灯台下暗《とうだいもとくら》し」ってこういうことか。遺跡《いせき》のことを役所の人たちは、埋蔵文化財《まいぞうぶんかざい》って呼《よ》ぶらしい。

多《た》摩《ま》ニュータウンNo.57遺《い》跡《せき》

伊《い》藤《とう》先生に声をかけてもらってから1週間後、ボクは都《と》マイブンを訪《たず》ねた。

「あ〜、キミが、カトウハヤトくんね。イトウから聞いてっから。ホリススムです」

名刺《めいし》には東京都埋蔵文化財《とうきょうとまいぞうぶんかざい》センター調査《ちょうさ》研究員〝堀進《ほりすすむ》〟と書いてある。冗談《じょうだん》じゃないのか？　よっぽどあっちこっちの遺跡《いせき》を掘《ほ》り進めてきたんだろう。

ボクは、ずっと不思議《ふしぎ》に思っていたことを質問《しつもん》した。

「イセキってどんなところにあるんですか？」

「イセキなんて特別《とくべつ》なものじゃない。どこにでもあるよ」とホリさん。

ホリススム研究員がパソコンで見せてくれたのは多摩《たま》市の遺跡《いせき》地図。驚《おどろ》いたことにこの地域《ちいき》の半分以上が遺跡《いせき》だった。

「東京遺跡《いせき》地図」↓検索《けんさく》↓多摩《たま》市ですぐに出てくる。

「都《と》マイブン」があるこの場所も、「多摩《たま》ニュータウン№57遺跡《いせき》」っていうらしい。

なんだか遺跡《いせき》っぽくない名前だな、と思った。

「旧石器《きゆうせっき》時代から江戸《えど》時代までだと遺跡《いせき》は何百か所はあるかな」とホリさん。

内心ボクはがっかりした。

教科書に出てくる縄文《じょうもん》時代の三内丸山《さんないまるやま》遺跡《いせき》や弥生《やよい》時代の吉野ヶ里《よしのがり》遺跡《いせき》は名前もなんか古風《こふう》だし、めったにないのが遺跡《いせき》と思っていたからだ。

聞いてみると「多摩《たま》ニュータウン遺跡《いせき》」は多摩市《たまし》・八王子市《はちおうじし》・町田市《まちだし》・稲城市《いなぎし》にまたがって№964まであるらしい。

なぁんだ……じゃあここは、ニュータウンじゃなくてオールドタウンじゃないか。

ホリさんを前に、口に出かかったコトバを、ボクは飲み込《こ》んだ。

なぜ考古学に？

「キミはなぜ考古学に興味《きょうみ》を持ったんだい？」

「何か月か前、中野区江古田《なかのくえごた》で氷河《ひょうが》時代の針葉樹《しんようじゅ》といっしょに3万年前の古い石器《せっき》が見つかって、テレビやネットで大きなニュースになりましたよね。そんな大昔から東京で人間が暮《く》らしていたのかと思うとなんだかドキドキしちゃって。それがいったいどんな人間で、どうやって生きていたのかを知りたくなったんです」

われながらとても気のきいたことを言う。

「イマドキの中学生が考古学に興味《きょうみ》があるなんて変《か》わってるね。アイドルとかに夢中《むちゅう》じゃないの？」

ホリさんが言うように確《たし》かにボクは変《か》わっているのかもしれない。もちろん好《す》きなアイドルはいるけど。

「おれはさ～」とホリさん。

「エジプトの王家の谷を発掘《はっくつ》したハワード・カーターっていう考古学者がいるんだけど。カーターが1922年にツタンカーメン王の墓《はか》を見つけるんだ。その〝世紀《せいき》の発見〟の物語をキミと同じ年頃《としごろ》に読んで、めちゃくちゃ感動《かんどう》してさぁ、そんでもって大学で考古学を選んだってわけよ。

大学進学の時、卒業しても食えないからやめとけって、みんなに反対された。でも、ほんとはそんなに食えないわけじゃないんだよね。各都道府県《かくとどうふけん》には埋蔵文化財《まいぞうぶんかざい》センターがあって何十人もの発掘《はっくつ》スタッフがいる。大きな市町村にも必《かなら》ず発掘専門《はっくつせんもん》の技師《ぎし》がいる。民間《みんかん》の考古学研究所だってあるし……むしろ他の学問より専門的《せんもんてき》な就職率《しゅうしょくりつ》は高いんだ」

ただ、大学の研究者として残《のこ》るのは至難《しなん》の業《わざ》らしい。学問の水準《すいじゅん》の高さが求《もと》められるばかりでなく、主任教授《しゅにんきょうじゅ》からどれだけ気に入られているかなど、人間関係《かんけい》も大きな要素《ようそ》だという。

世の中、けして楽じゃない。

「考古学者は、墓掘《はかほ》りだとか……陰口《かげぐち》を叩《たた》かれるけど、まんざらウソじゃないんだよなぁ。事実、オレも縄文《じょうもん》時代から江戸《えど》時代までいくつもの墓《はか》を掘《ほ》ってきた。

古墳《こふん》の横穴式石室《よこあなしきせきしつ》を掘《ほ》った時は、うす暗い石室《せきしつ》の中から頭蓋骨《ずがいこつ》がごろごろ出てきた」

「マジっすか！」

「掘《ほ》ったことないのは、自分の墓《はか》くらい」

オイオイ。それってシャレになんないよ！

でも墓《はか》を造《つく》るのって、唯一《ゆいいつ》人間だけらしい。それは〝死〟ということを頭でわかったり、死んでから行く〝あの世〟という世界の存在《そんざい》を信《しん》じたりするからだとホリさん。

墓《はか》はその人物の権威《けんい》をあらわす巨大《きょだい》なシンボルにもなったことがある。世界最《さい》大《だい》の墓《はか》、エジプト・クフ王のピラミッド、そして大阪の伝仁徳天皇陵《でんにんとくてんのうりょう》ともいわれる大仙古墳《だいせんこふん》。

心臓《しんぞう》が止まって死んだら終わりじゃなく、死んでからも自分のことを忘れられないように……人は墓《はか》を造《つく》り続ける。

「ある意味、考古学は〝死〟と直面しているんだ」

でもボクは〝死〟ということをリアルに想像《そうぞう》できなかった。だってまだ生まれて十数年しかたっていないんだから。

ゲンバにイコウ

「来週からゲンバに行くんだけど、キミも行ってみる？」

ホリさんは何だか刑事《けいじ》みたいなことを言う。

もちろん、殺人現場《さつじんげんば》じゃなく、発掘現場《はっくつげんば》のことだ。でも、その内容を聞くと、ホリさんの刑事《けいじ》みたいな言いぐさも、まんざらピントはずれじゃないらしい。

「考古学の仕事って、犯罪捜査《はんざいそうさ》みたいなもんなんだよ。ゲンバに残《のこ》されたモノを手掛《てが》かりに、過去《かこ》にそこで起きていたことや、そこにいた人の姿《すがた》、そしてその行動を推理《すいり》する」

なるほど……ホリ刑事の腕《うで》の見せどころかぁ。

翌週《よくしゅう》、ボクらはゲンバへと急行した。多摩《たま》ニュータウンNo.246遺跡《いせき》だ。

そしてゲンバ到着《とうちゃく》。

ホリさんがポケットからおもむろに取り出したのは、警察手帳《けいさつてちょう》じゃなく野帳《やちょう》、腰《こし》に下げているのは拳銃《けんじゅう》ではなく、やたら使い込《こ》まれたイショクだった。

イショクは考古学の業界用語《ギョーカイ》、手持ちのシャベル＝移植《いしょく》ゴテのことだ。

「発掘調査《はっくつちょうさ》の基本《きほん》は観察《かんさつ》と記録《きろく》。遺跡《いせき》は一度掘《ほ》ってしまったらゼッタイもとには戻《もど》せない。一種の破壊行為《はかいこうい》ともいえる。だから最大限《さいだいげん》の観察《かんさつ》をし、記録《きろく》を取ることが大切なんだ」

ポケットの中で少しくたびれていた緑の野帳《やちょう》には、ブルーの方眼《ほうがん》が入っていた。

ホリさんは、さっそく何かを書き込《こ》んでいた。

この野帳《やちょう》には写真や図では記録《きろく》しきれない、ゲンバで肌《はだ》で感じた細かな情報《じょうほう》を書きとめておくのだという。

チラッと野帳《やちょう》をのぞくと〝チャーハン大盛《おおも》り650円〟の文字。なんだ〜、今日の昼メシの記録《きろく》かよ。そんなことを思いながらゲンバに入る。

立ち入り禁止《きんし》、そう書かれたバリケードの中、多摩《たま》ニュータウン№２４６遺跡《いせき》のゲンバでは、大きなパワーショベルが表土《ひょうど》を削《けず》っていた。

発掘《はっくつ》って、ハケで慎重《しんちょう》に土を取りのぞくだけかと思ってたら、これはまるで土木工事《どぼくこうじ》だ。

パワーショベルから少し離《はな》れたところで、10人くらいの作業員さんたちがイシヨクで薄《うす》〜く赤土《あかつち》を削《けず》っていた。

「先生、これイコウだべ！」

いかにもベテラン風の作業員さんが言った。確《たし》かに赤土の中に真っ黒い土のシミが、ボクにもまあるく大きく見える。

「んだ！」

おどけて相槌《あいづち》を打つホリさん。

「遺構《いこう》ちゅうのは、住居《じゅうきょ》や墓《はか》、貯蔵《ちょぞう》用の穴《あな》など土の中に残《のこ》された過去《かこ》のさまざまな施設《しせつ》の跡《あと》のこと。今やっているのはイコウの存在やカタチを見きわめる〝プラン確認《かくにん》〟という作業」

このプラン確認《かくにん》が発掘調査《はっくつちょうさ》のファーストステップらしい。

「赤土《あかつち》というのは関東《かんとう》ローム層《そう》。1万年以上前の富士山《ふじさん》なんかの噴火《ふんか》で降《ふ》り積《つ》もった火山灰《かざんばい》などでできた土。そこにその後の人が穴《あな》を掘《ほ》り、さらにそこに黒土がたまった。イコウのある場所はこんな風に土の色でわかる。土の違《ちが》いを見きわめる。これが考古学の基本のキだ」

別《べつ》の地点《ちてん》では、真っ黒な円形《えんけい》のシミが少《すこ》しずつ掘《ほ》り下《さ》げられ、イショクの先に

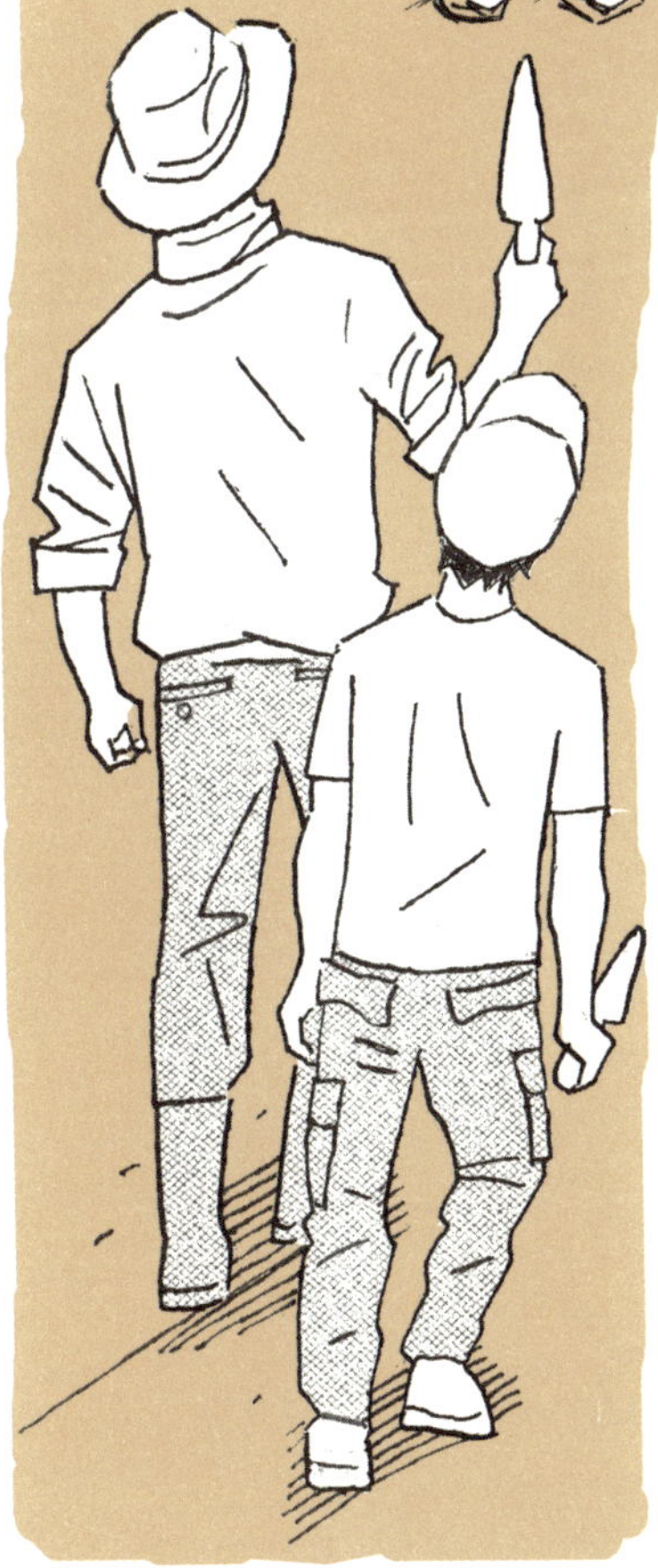

ちらほらと何かが出土《しゅつど》していた。

「よく、〝なんで遺跡《いせき》があることがわかるんですか？〟と質問《しつもん》されることがある。でも、ほら、ごらんの通り遺《い》跡《せき》は地表《ちひょう》下50㎝、そう深くない場所に埋《う》まっている。だからちょっと掘《ほ》ることがあれば、石器《せっき》や土器《どき》が出てきて、その下にはいろんなイコウが埋《う》まっている。

いなかなんかだと、畑を耕《たがや》している時に石器《せっき》や土器《どき》なんかがたくさん出てきて、そこが遺跡《いせき》であることがわかるんだ」

（そういえば最近《さいきん》、土なんかずっとさわってないや）

ボクはふと思った。

うっかり口がすべった！

多摩《たま》ニュータウン№２４６遺跡《いせき》の一角《いっかく》では、１万年以上前に堆積《たいせき》した関東《かんとう》ローム層《そう》の調査《ちょうさ》が始まっていた。皮をはぐみたいに、うす～く赤土《あかつち》が削《けず》られていた。

「キラッ！」

赤土《あかつち》から石器《せっき》が顔をのぞかせた。出てきたのは黒曜石《こくようせき》。ペン先のように尖《とが》ったカタチをしていた。

「これは台形様石器《だいけいようせっき》。ヤリ先に埋《う》め込《こ》んで使われた道具で、４万年前近くまで遡《さかのぼ》る古いもの。日本にわれわれのご先祖《せんぞ》サマが初《はじ》めてやってきた頃《ころ》の石器《せっき》なんだ」

何年前のものかなんて、年代も測定《そくてい》していないのにどうして見ただけですぐわかっちゃうのか、ボクには不思議《ふしぎ》だった。

ホリさんは石器《せっき》を、ボクの手のひらの上にのせた。ひんやりと冷《つめ》たかった。台形様石器《だいけいようせっき》は空にかざすとキラキラして半透明《はんとうめい》だ。材料《ざいりょう》の黒曜石《こくようせき》は、マグマが冷《ひ》え固《かた》まった火山岩《かざんがん》。割《わ》るとガラスのカケラのように鋭《するど》いことから、石器《せっき》として好《この》まれたらしい。

とくに火山列島《かざんれっとう》である日本には、北海道から九州まで100以上もの黒曜石《こくようせき》の産地《さんち》があり、石器《せっき》時代の人々が使っていたんだって。

「この黒曜石《こくようせき》、少しグレーっぽくて、ゴマシオみたいな気泡《きほう》がところどころに見える。神津島産《こうづしまさん》かもな」

太平洋上に浮《う》かぶ東京都神津島《こうづしま》も黒曜石《こくようせき》の産地《さんち》のひとつらしい。3万年以上前の人類が舟《ふね》を操《あやつ》って海に浮《う》かぶ島に黒曜石《こくようせき》を採《と》りに行ったことになる。

「でもどんな舟《ふね》を使っていたのかまったくのナゾなんだ」とホリさん。

「縄文《じょうもん》時代のような丸木舟《まるきぶね》なのかどうかも、さっぱりわからない……」

その瞬間《しゅんかん》、ボクは思わず言ってしまった。

「それって革張《かわば》りのボートだよ！　水が入らないように革《かわ》の表面に動物の脂《あぶら》を塗《ぬ》

り込《こ》むんだ」

しまった！　ボクは慌《あわ》ててすぐに口をふさいだ。

「えっ！」

眼《め》を丸くするホリさん。

そして、ジロリとボクを睨《にら》んで、

「見てきたようなことを言うね」

でも本当に見てきたのだから仕方がない……見てきたとは言えないけど。

「確《たし》かにアリューシャン列島の先住民たちも革張《かわば》りのボートを使って海に漕《こ》ぎ出している。キミの言うこともまんざらではないのかもな～」

ホリさんはそのあと黙《だま》り込《こ》んでいたが、少し感心《かんしん》しているようにも見えた。

結局《けっきょく》のところ、遺跡《いせき》のローム層中《そうちゅう》には、星クズのように点々と黒曜石《こくようせき》が散《ち》らばっていた。

「この石器《せっき》の散《ち》らばりは、おそらく石器《せっき》作りの跡《あと》。黒曜石《こくようせき》を割《わ》ったとき細かな破片《はへん》が飛《と》び散《ち》ったものなんだ。旧石器《きゅうせっき》の遺跡《いせき》では、こうした石器《せっき》の散《ち》らばりが見つかるが、住居跡《じゅうきょあと》などはほとんど見つからない。だからどんなイエに住んでいたのかよくわからないんだ」とホリさん。

ボクは、今度は言いたいのをガマンし、ぐっとこらえた。

でもだんだん、ムズムズしてきて、ひかえ目にホリさんに言ってみた。

「インディアンの人たちが暮《く》らしているような円錐形《えんすいけい》のテントとかってどうですか。木の棒《ぼう》を円錐状《えんすいじょう》に組《く》んで、毛皮などをかぶせた……」

「おおっ、キミってほんと詳《くわ》しいね！　オレみたいに立派《りっぱ》な考古学研究者《こうこがくけんきゅうしゃ》になれるゾ～」

「……」

「旧石器人《きゅうせっきじん》は縄文人《じょうもんじん》のようにずっと同じ場所に定住せず、100㎞、200㎞と移動を繰《く》り返《かえ》す生活を送っていたんだ。だから、頑丈《がんじょう》なつくりの竪穴住居《たてあなじゅうきょ》は必要《ひつよう》なかったみたいだね」

ボクはホリさんの言葉に耳を傾《かたむ》けながら、タイムトリップした白い鹿たちのキ《マ》ャ《ー》ン《ク》プを思い出していた。

超《ちょう》巨《きょ》大《だい》噴《ふん》火《か》

ゲンバの隅《すみ》っこで、地層《ちそう》の堆積《たいせき》がよく見える場所があった。黒土の下には関東《かんとう》ローム層《そう》、まるで焼《や》き菓子《かし》みたいに褐色《かっしょく》の地層《ちそう》が積《つ》みかさなっていた。

「上からⅠ層《そう》・Ⅱ層《そう》・Ⅲ層《そう》・Ⅳ層《そう》……。この大半《たいはん》は、かつて富士山《ふじさん》なんかがよく噴火《ふんか》して降《ふ》り積《つ》もった火山灰層《かざんばいそう》なんだ」

ボクの記憶《きおく》の中には、4万年前の世界で不死山《ブシズン》が火を噴《ふ》いたことが鮮明《せんめい》に残《のこ》っていた。

「そしてこれがAT。わかる?」

ホリさんが指さしたⅥ層《そう》に、きな粉《こ》のかたまりのように入っているのがATと呼ばれるものだ。

「ATってのは〝姶良丹沢火山灰《あいらたんざわかざんばい》〟の略《りゃく》。鹿児島県《かごしまけん》の桜島《さくらじま》のある姶良《あいら》カルデラが、約3万年前に超巨大噴火《ちょうきょだいふんか》を起こした。九州の南半分を埋《う》めつくしてしまうような破壊的《はかいてき》なもので、日本列島の火山噴火《かざんふんか》史《し》の中でも最大級《さいだいきゅう》のものだった。その噴火《ふんか》で、東京にも降《ふ》ったのがATっていう火山灰《かざんばい》なんだ。

ATは、神奈川県《かながわけん》の丹沢《たんざわ》で最初《さいしょ》に見つかり、北は青森《あおもり》まで確認《かくにん》されている。ATの降《ふ》った時代は旧石器《きゅうせっき》時代にあたる。もし旧石器《きゅうせっき》が、ATより下の地層《ちそう》で見つかれば3万年前より古く、上で見つかればそれより新しい。火山灰《かざんばい》や地層《ちそう》って、年代を決める鍵《かぎ》にもなるんだ」

本来《ほんらい》、上にある地層《ちそう》は、下にある地層《ちそう》より新しい。これは「地層累重《ちそうるいじゅう》の法則《ほうそく》」っていって、考古学っていうより地質学《ちしつがく》の基礎《きそ》でもあるらしい。

確《たし》かに、さっきの台形様《だいけいよう》の石器《せっき》は、ATのずっと下から出てきていた。だから約3万年前よりずっと古いってわかるんだな。

それにしても姶良《あいら》カルデラの超巨大噴火《ちょうきょだいふんか》が人類《じんるい》にもたらした影響《えいきょう》ってどんなんだったんだろう？　少なくとも九州の南半分の人間は全滅《ぜんめつ》したということだ。

日本列島では、ATを境《さかい》に旧石器《きゅうせっき》の顔つきがガラリと変わるんだって。生き残《のこ》った人びとの暮《く》らしも、一変《いっぺん》したに違《ちが》いない。

東京の上空を覆《おお》ったグレーの火山灰《かざんばい》、その下で不安《ふあん》げに狩《か》りをする旧石器人《きゅうせっきじん》の姿《すがた》がボクの頭の中に浮《う》かんできた。

時を刻《きざ》む湖《みずうみ》

「ATは、福井県《ふくいけん》の水月湖《すいげつこ》という湖《みずうみ》の底《そこ》にもひっそりと降《ふ》り積《つ》もっていた。ちょっとこれを見て」

ホリさんはタブレット端末《たんまつ》を取り出し、水月湖《すいげつこ》の地層《ちそう》を見せてくれた。

「うわ〜、バウムクーヘンみたいだな」

「うまソ〜でしょ……って、じゃないっつうの」

また、ホリさんの一人ツッコミ。

「このしましま模様《もよう》は年縞《ねんこう》っていって、木の年輪《ねんりん》といっしょ。1年ごとに地層《ちそう》が積《つ》みかさなったもの。水月湖《すいげつこ》ではボーリング、つまり水底《すいてい》に細い棒《ぼう》で深く穴《あな》を掘《ほ》ることね、そのボーリングで年縞《ねんこう》を抜《ぬ》き取《と》り、今の地層《ちそう》から一枚一枚数えていったんだ。この灰色《はいいろ》の地層《ちそう》がATで、いちばん上、つまり今から数えて3万78枚目にあった。どういうことかわかる?」

「それって3万78年前の地層《ちそう》ってことですか⁉」

「そう、正確にいえば±48年だけカウントに誤差《ごさ》があるので、30078±48年という年代になる。

年縞《ねんこう》はATの下にも続《つづ》いていて、結局《けっきょく》45mもの湖底堆積物《こていたいせきぶつ》の中に約7万年分の年縞《ねんこう》が確認《かくにん》されたんだ。

ひと言《こと》で7万年分って言ってしまうけど、それを正確《せいかく》にカウントするのは並大《なみたい》抵《てい》のことじゃない。顕微鏡《けんびきょう》やX線などを使い、何年もの努力《どりょく》の末《すえ》、ようやく年縞《ねんこう》が数えられた」

ホリさんは、青々と水をたたえる水月湖《すいげつこ》の写真をタブレット端末《たんまつ》で見せてくれた。

水月湖《すいげつこ》は三方湖《みかたこ》など美しい5つの湖《みずうみ》とともに、日本海の若狭湾《わかさわん》に面《めん》していた。湖《みずうみ》には今年もまた1年分の年縞《ねんこう》が刻《きざ》まれているのだろう。

時を正確《せいかく》に読む

「ところで年縞《ねんこう》年代はともかく、各地《かくち》の遺跡《いせき》の年代ってどう測《はか》るか知ってる？」

「放射性炭素年代測定《ほうしゃせいたんそねんだいそくてい》とかですかね」

「オオ～ッ、よく知ってるね！　さっすが～」

エヘン！　考古オタクのボクはいちおう知ってた。

「これは過去《かこ》の生物に含《ふく》まれている〝炭素同位体《たんそどういたい》〟の比率《ひりつ》を調べて年代を出す方法《ほう》だ。この放射性炭素年代測定法《ほうしゃせいたんそねんだいそくていほう》を１９５０年前後に発見したシカゴ大学の故《こ》リビー教授《きょうじゅ》は、この偉大《いだい》な発見で１９６０年にノーベル化学賞《かがくしょう》を受賞《じゅしょう》している。現在《げんざい》でも世界でもっともメジャーな年代測定法《そくていほう》だよね。

ごく簡単《かんたん》に言えば、生物体に取り込《こ》まれている炭素《たんそ》14は生物の死後５７３０±40年ほどで半減《はんげん》することが知られていて、その炭素《たんそ》14の分量《ぶんりょう》を調べることで年代を出す方法《ほうほう》ってこと。ただ、この放射性炭素年代《ほうしゃせいたんそねんだい》と暦《れき》年代との間には実際古《じっさいふる》いほど大きな開きがあることもわかっている。

例《たと》えば、さっきのATの放射性炭素年代《ほうしゃせいたんそねんだい》は2万4000年前くらいと出ることが多い。となると水月湖《すいげつこ》の年縞《ねんこう》のカウントによるAT年代の3万78年前とは、6000年もの開きがあることになる。

この差《さ》をどう埋《う》めるか。そこで水月湖《すいげつこ》の年縞《ねんこう》の出番となる。水月湖《すいげつこ》の年縞《ねんこう》年代は、実際《じっさい》に数を数えて出されたものだから、実年代にきわめて近いものということになるよね。一方、放射性炭素年代《ほうしゃせいたんそねんだい》は理論上《りろんじょう》の値《あたい》だからね。

つまり水月湖《すいげつこ》の年縞《ねんこう》の放射性炭素年代《ほうしゃせいたんそねんだい》を層《そう》ごとに精緻《せいち》に測定《そくてい》して、年縞《ねんこう》のカウントと比較《ひかく》すれば誤差《ごさ》がわかってくる。その作業を年代較正《ねんだいこうせい》っていうんだ。

さいわいその年縞堆積物中《ねんこうたいせきぶつちゅう》には、放射性炭素年代《ほうしゃせいたんそねんだい》の測定試料《そくていしりょう》となる葉っぱがたくさん含《ふく》まれていたため、精緻《せいち》な年代較正《ねんだいこうせい》プログラムを組んでゆくことができた。そして2013年、ついに水月湖《すいげつこ》の年縞《ねんこう》は、世界各地《かくち》の放射性炭素年代《ほうしゃせいたんそねんだい》を真《しん》の年代へと変換《へんかん》する世界標準《ひょうじゅん》として採用《さいよう》されたんだ。時を正確《せいかく》に遡《さかのぼ》る時計をわれわれは手に入れたことになるね」

2018年、水月湖《すいげつこ》には年縞《ねんこう》博物館がオープンしたという。

気《き》候《こう》変《へん》動《どう》

ATを日本列島に降《ふ》らせた始良《あいら》カルデラの超巨大噴火以降《ちょうきょだいふんかいこう》、地球全体が極寒《ごっかん》の気候《きこう》へと向かっていったという。

2万5000年前から1万6000年前頃《ごろ》までは、最終氷期最寒冷期《さいしゅうひょうきさいかんれいき》と呼《よ》ばれる時代が来た。

「今よりも海面が130mも低かったなんて信じられる?」

ホリさんによると、この頃《ころ》は今より7~8℃も年平均気温《へいきん》が下がり、海水が氷《ひょう》河《が》となったため、大きな海面低下《かいめんていか》が起きていたという。

「当時、瀬戸内海《せとないかい》はなかった」

瀬戸内海《せとないかい》は陸化《りくか》して海がなくなり、九州・本州・四国はひと続《つづ》きになった。瀬《せ》戸《と》大橋《おおはし》も必要《ひつよう》なかったってことになる。北海道はサハリンをはさんで大陸《たいりく》とつながっていた。

「キミがニュースで見た中野《なかの》区《く》江古田《えごた》の『江古田《えごた》針葉樹《しんようじゅ》化石層《かせきそう》』も、このもっとも寒い時期のものとして早くから注目されてきたが、今回、樹木《じゅもく》の中から初《はじ》めて石器《せっき》が発見されたことで、人類《じんるい》が最終氷期《さいしゅうひょうき》時代の中野《なかの》の森の中で生《い》き抜《ぬ》いていたことが明らかになったんだ。ほら、この細長い松ボックリ見て」

ホリさんがタブレット端末《たんまつ》を取り出し、江古田《えごた》から掘《ほ》り出された植物化石《しょくぶつかせき》を見せてくれた。

「これはトウヒ属《ぞく》の松ボックリ。トウヒなどの針葉樹《しんようじゅ》は、現在《げんざい》では、海抜《かいばつ》１５００から２５００ｍにかけての亜《あ》高山帯《こうざんたい》にしか見られない。このことは、当時の東京が今の中部山岳地帯《ちゅうぶさんがくちたい》のようなかなり寒冷《かんれい》な気候《きこう》であったことを示している。でも、最終氷期《さいしゅうひょうき》も今から１万１６５３±99年前に終わりを迎《むか》えた」

これも水月湖《すいげつこ》の年縞《ねんこう》に記録《きろく》された年代らしい。

「わずか50年で５℃以上も年平均気温が上がり、今と同じような気候《きこう》になったんだ。

今、温暖化《おんだんか》が問題になっているよね。１℃上昇《じょうしょう》したって話で、やきもきしているけれど、この時の温暖化《おんだんか》は比《くら》べものにならない。でもこの温暖化《おんだんか》は人類《じんるい》にとってはプラスに働《はたら》き、世界では農耕《のうこう》や牧畜《ぼくちく》が始まったりしたんだ」

日本では大量《たいりょう》に土器《どき》が作られ、定住化《ていじゅうか》が進み、本格的《ほんかくてき》な縄文《じょうもん》文化が花開いたという。

石斧《せきふ》

褐色《かっしょく》のローム層《そう》を少しずつ削《けず》るシャベルの先から、緑色の物体が顔をのぞかせた。

「おー、石斧《せきふ》だ！」

ホリさんが叫《さけ》んだ。

土から突《つ》き出た部分は、二枚貝を合わせたようなかたちを見せ、ピカピカと光っている。

「この貝殻《かいがら》みたいな部分は、石斧《せきふ》の刃《は》の先っちょ。磨《みが》いてあるから刃《は》がピカピカに光っているでしょ。局部磨製石斧《きょくぶませいせきふ》っていうんだ。

そもそも旧石器《きゅうせっき》時代には、磨製石器《ませいせっき》は発明されていない、ってのが世界の定説《ていせつ》。でも日本列島に住んだ旧石器人《きゅうせっきじん》たちは、すぐれた磨製石斧《ませいせきふ》を周辺大陸《しゅうへんたいりく》に先がけて開発した」

「ナゼ日本列島なんですか？」

ボクは思わず聞いた。

「それがナゼかはわからない」とホリさん。

「でもわれわれには、とてもユニークな発明能力がそなわっていて、置《お》かれた場所それぞれで固有《こゆう》の才能《さいのう》が開花したんだ。フランスの旧石器人《きゅうせっきじん》たちは、日本列島にいた人々のように磨《みが》いた石斧《せきふ》は作らなかったけれど、洞窟《どうくつ》にすばらしい壁画《へきが》を残《のこ》した。ピカソ顔負けのね。

そうした能力《のうりょく》こそが人類《じんるい》の人類《じんるい》たるゆえんで、今のわれわれ人類は学名でホモ・サピエンスっていうんだけど……サピエンスというのは知恵《ちえ》があるという意味。ホモは人間という意味のラテン語。つまり知恵《ちえ》ある人間というのがわれわれなんだ」

ホリさんによれば、4万年前日本列島《れっとう》にやってきた人類《じんるい》もボクたちと同じホモ・サピエンスで、いろんなことができたという。

「たとえばタイムマシンというものがあって、石斧《せきふ》を持った旧石器人《きゅうせっきじん》を4万年後のこの世界につれてきたとしよう。旧石器人《きゅうせっきじん》は、進《すす》んだ現代社会《げんだいしゃかい》についていけないと思う？

たぶんそんなことはないと思うよ。すぐに石斧《せきふ》をスマホに持ち替《か》えて、友達とLINE《ライン》を楽しんでるんじゃないかな。

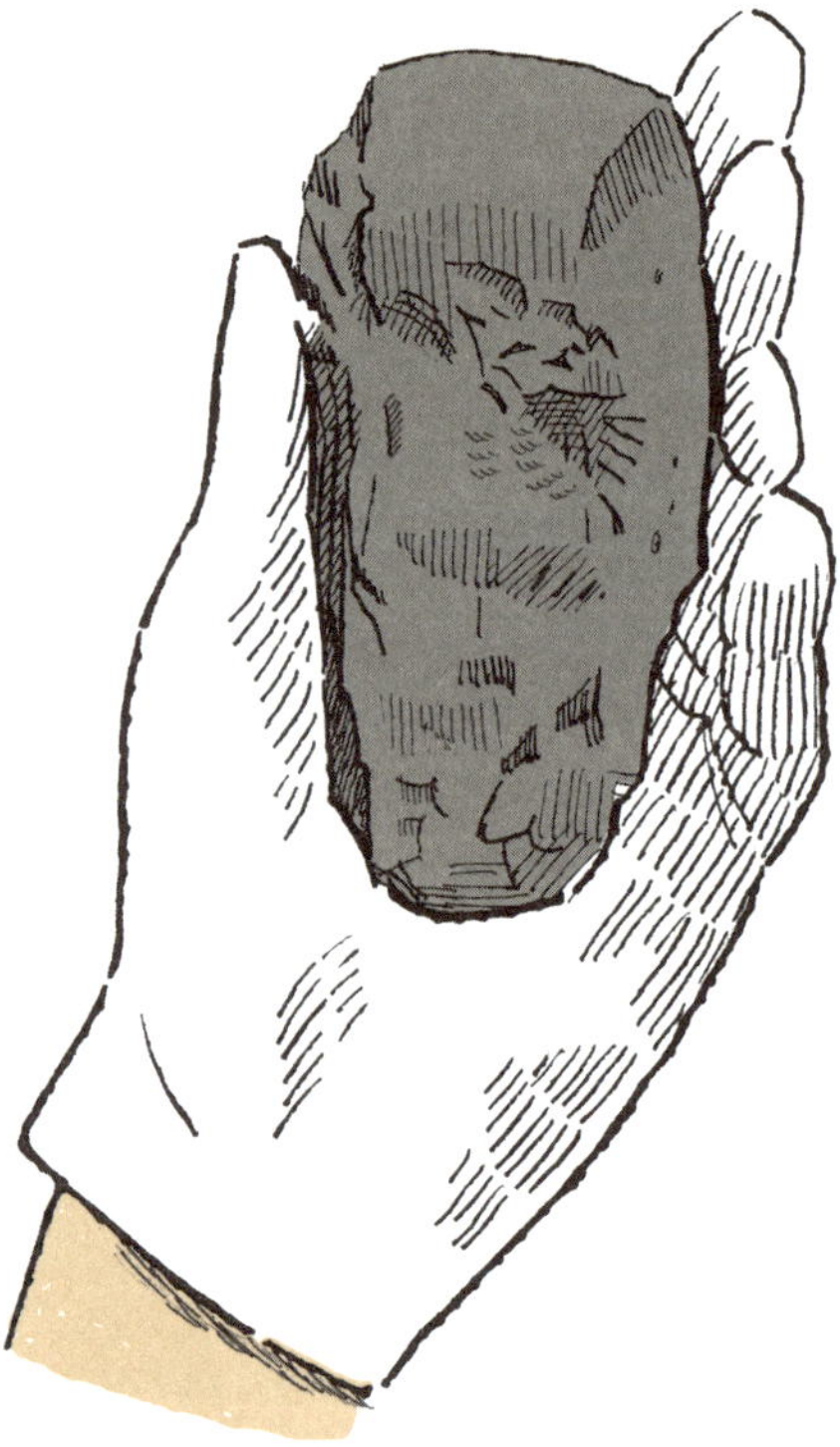

なぜって？　彼《かれ》らはボクら自身、つまりホモ・サピエンスなんだから」

ホリさんの言っていることはボクにもすぐにわかった。

白い鹿《マーク》の能力《のうりょく》がボクたちとなんら変《か》わらないことを、身にしみて知っていたからだ。っていうか、サバイバル能力《のうりょく》は、はるかに彼《かれ》らのほうが上だった。それに先のことをちゃんと考えて行動したり、恋《こい》だってしていた。

絶滅《ぜつめつ》

出土《しゅつど》した石斧《せきふ》は、全体は楕円形《だえんけい》の小判形《こばんがた》で、刃《は》がピカピカに光っていた。確《たし》かによく切れそうだ。

この斧《おの》を使って樹木を伐採《ばっさい》・加工《かこう》し、暮《く》らしを立てていた、とホリさん。

「ただ、この局部磨製石斧《きょくぶませいせきふ》は、木を切ったり削《けず》ったりするのではなく、ビッグゲーム・ハンティングに使われたという説《せつ》もあるんだ」

「ビッグゲーム・ハンティング？」

「そう、ビッグゲーム。つまり大型獣《おおがたじゅう》のこと。この斧《おの》を使って大型獣《おおがたじゅう》の狩《か》りをしていたという説《せつ》なんだ」

旧石器《きゅうせっき》時代は、本州ではナウマンゾウやオオツノジカ、ヘラジカ、ヤギュウ、北海道ではマンモスが生息《せいそく》していた時代だ。

しかし、こうした大型獣《おおがたじゅう》は今では絶滅《ぜつめつ》してしまった。

「これはとても大きな謎《なぞ》なんだけど、なぜだと思う？」

「……」

「これまで言われてきたのは、人類《じんるい》の過剰《かじょう》な狩猟《しゅりょう》、つまりオーバー・キルが大型《おおがた》獣《じゅう》を絶滅《ぜつめつ》に追《お》いやったという説《せつ》。むしろ環境変化《かんきょうへんか》、温暖化《おんだんか》などの気候変動《きこうへんどう》が大型《おおがた》獣《じゅう》を絶滅《ぜつめつ》させたという説。環境変動《かんきょうへんどう》の中、人類《じんるい》の過剰《かじょう》な狩猟《しゅりょう》が絶滅《ぜつめつ》に追《お》いやったという中間説《せつ》もある。

まだまだわからないことだらけなんだ」とホリさん。

ボクは、時間旅行でゾウに踏《ふ》み潰《つぶ》されそうになったことを思い出した。

あとでホリさんに聞くと、日本列島で見つかっているナウマンゾウ化石《かせき》で、もっとも新しい年代は約2万5000年前、それ以降の年代のものはないという。

確《たし》かにボクの行った4万年前には、ナウマンゾウはいた。でもその後どうなったかはわからない。

「つまり、旧石器時代《きゅうせっきじだい》でも後半にはナウマンゾウなどの大型獣《おおがたじゅう》はあまりおらず、人びとは縄文人《じょうもんじん》と同じようにシカやイノシシを獲《と》っていたかもね」

ホリさんは目をつむってそうつぶやいた。

第3章 青い実《クリ》

——1万年前

1万年前

ホリさんにゲンバにつれて行ってもらってからというもの、ボクの考古学への思いはどんどんヒートアップしていった。

真夜中、スマホにブックマークした〝石器時代《せっきじだい》への招待《しょうたい》〟のサイトとにらめっこした。

行くべきか、行かざるべきか。

何が待っているかもわからない。

でも、ボクの中での好奇心《こうきしん》がやはり勝っていた。

ゴクリ、唾《つば》を飲み込《こ》んでから、思い切りをつけた。

今度はサイトの「1万年前」を選んだ。縄文《じょうもん》時代早期、山間部では岩陰《いわかげ》に暮《く》らし平野部では定住が始まり、貝塚《かいづか》などが作られた時代、と簡単《かんたん》な説明《せつめい》があった。

「ピッ！」Enter をタップ。

顔認証《かおにんしょう》はすぐに終わり、画面《がめん》が開《ひら》いた……。

気がつくと長い長い暗闇《くらやみ》の中を、ボクは手さぐりでたどっていた。

ブラックホールに吸《す》い込《こ》まれたような気分だったが、出口を求めてさらに先へと進む。ようやくひと筋《すじ》の光が見えた。

「まぶしっ！」

目に飛《と》び込《こ》んできた日光はレーザービームのように強烈《きょうれつ》だったが、ようやく外が見えた。遠くからカッコウの声。ボクがいるのは静《しず》かな湖畔《こはん》の森の陰《かげ》ではなく、川沿《ぞ》いのちょっとした岩陰《いわかげ》だった。

誰《だれ》かが不意《ふい》にボクの手をにぎった。

ボクの腰《こし》くらいの背丈《せたけ》の、ちっちゃな子どもだった。毛皮を着た男の子は、人見知りする風もなく、つぶらな瞳《ひとみ》でボクを見ている。黄色いハナを垂《た》らし、ときどきベロでなめていた。

岩陰《いわかげ》からもう一人、毛皮の男子が出てきた。ちっちゃいほうが保育園の年少さんなら、こちらは年長さんくらいだ。そっくりなので兄弟とスグわかる。今日は園がお休みでおうちにいるのかな〜って、ちげ〜し。どう見ても縄文人《じょうもんじん》。

「おにいちゃん、だれ〜」

イヤホンを通して彼《かれ》らの言葉。

「はるかミ・ラ・イから来たんだよ」とボク。われながらカッコイイことを言う。

二人はちんぷんかんぷんな顔をした。〈未来《みらい》〉の意味がわからないようだった。

考えてみると、ボクはキミたちのおにいさんなんかじゃない。キミたちがボクのずっと、ず〜っと年上のおにいさんなんだよな〜、1万歳も年上の。

ちっちゃい子のほうが、あまりにハナを垂《た》らしているので、ボクはハナをかんだほうがいいと思って、ズボンのポケットに入っていた使いかけのティッシュから一枚取り出して渡《わた》した。

すると何を勘違《かんちが》いしたのか、男の子はティッシュを口に入れてしまった。

白ヤギさんじゃないんだから。ティッシュって知らねえのかよ。

でも、さすがに食い物でないと気づき、すぐにペッペと吐《は》き出した。

ここは気を取り直して
「きみたちお名前はなんていうの?」と聞くと、

「ボクは青い実《クリ》」とお兄《にい》ちゃん。

「ボクは赤い実《クラ》」と弟くん。

とってもかわいい兄弟だった。

岩《いわ》陰《かげ》

岩陰《いわかげ》と木々の隙間《すきま》から見える空がしだいにどんよりと曇《くも》ってきた。やがてポツポツと雨が落ちてきて、ザーザーと本降《ほんぶ》りになった。

しっとりとした雨の匂《にお》いが森の中に漂《ただよ》った。

フキの大きな葉っぱを傘《かさ》みたいにして、女の人が飛《と》び込《こ》んできた。二人の子どもはニコニコしてかけ寄《よ》る。ママ帰宅《きたく》ということらしい。

お母さんは、川に洗濯《せんたく》に行っていたわけではなく、フキを取りに行っていたようだ。

しかし、突然、そこに立っていたボクの姿《すがた》をみとめると、二人の子を守るように抱《だ》き寄《よ》せこう言った。

「あんた、誰《だれ》？」

「ぼ、ボクは……カトウハヤトといいます。ハ・ヤ・ト」

「ハヤト？」

いかにもアヤシイ人物を見るように、上から下までジロジロ見ている。

そりゃ～そうだよな。いきなりTシャツ、黒メガネが現《あらわ》れたんだから。

「遠い世界からあちこちを旅しています。少しここに置《お》いていただけませんか？」

まだ母は怪訝《けげん》そうな顔だった。

こんな時のためにとボクは、ポケットに入れておいたのどアメを出した。

パッケージをやぶり、子どもたちに渡《わた》す。子どもたちは最初《さいしょ》、「なんだこれ」みたいに眺《なが》めていたが、ボクが舐《な》めてみせると、パクリと口の中に入れ舌《した》の上で転がしていた。

なんとか、モノで釣《つ》る作戦《さくせん》が功《こう》を奏《そう》し、ボクは岩陰《いわかげ》に招《まね》き入れられた。

お母さんは甘《ク》い実《ミ》と名乗った。甘《ク》い実《ミ》は、痩《や》せた身体《からだ》に毛皮の衣装《いしょう》をまとい、茶色の瞳《ひとみ》にシミの残《のこ》る褐色《かっしょく》の小顔。縮《ちぢ》れた長い髪《かみ》を後ろにまとめ、白い骨《ほね》のかんざしを挿《さ》していた。

岩陰《いわかげ》の中央にはイロリがあり、ソフトクリームのコーンの部分みたいな、とんがり底《ぞこ》の土器《どき》が掛《か》かっている。

子どもたちは、小枝《こえだ》をどんどんくべ、湯をわかす。その中にフキが肉の細切《こまぎ》れといっしょに投入《とうにゅう》された。湯が沸騰《ふっとう》し始めると、表面《ひょうめん》のアクを木のスプーンですくって出す。ゆで上がったフキは、木の葉の皿に盛《も》られた。緑のマカロニみたいだった。

ボクはいなかのおばあちゃんがよく作っていた甘辛《あまから》いフキの煮物を思い出した。おひとつどうぞ、みたいに差《さ》し出される。

口に入れると、とてもエグくて、思わず吐《は》き出《だ》しそうになった。

「オ……オイシイです！」

お母さんの顔色《かおいろ》をうかがいながら、ボクは心にもないことを言った。

そうこうしている間にお父さんがご帰宅《きたく》。

ネクタイをゆるめると、冷蔵庫《れいぞうこ》からビールを取り出し、まずは「シュポッ！」

……んなことはない、1万年前の世界には。

「誰《だれ》だい、この兄ちゃんは」と第一声。

やがてすみっこでボクの扱《あつか》いについてあれこれ夫婦会議《ふうふかいぎ》、やっと結論《けつろん》が出たらしい。ボクの受け入れがなんとか容認《ようにん》されたようだ。

「ボウズ、問題起こすんじゃねえぞ」としぶしぶお父さん。名は堅い実《クク》といった。少なくともククは81歳ではなく、20～30歳くらいに見える精悍《せいかん》なマスクのパパだった。顔は小さいが、あごは角《かく》ばっていて、丈夫《じょうぶ》でなんでも噛《か》めそうだった。長い髪《かみ》を後ろに革《かわ》ヒモで結《むす》んでいた。

身長はボクより小さくて、１５０cm台か。上半身はスリムだが、太ももにはJリーグでサッカープレイができそうなくらい筋肉《きんにく》がついていた。

釣《つ》り

岩陰《いわかげ》の目の前には小さな川が流れていて、ときどき魚が跳《は》ねることがある。そりゃもう「釣《つ》ってくれ！」といわんばかりに。案《あん》の定《じょう》、お父さんは釣《つ》りの準備《じゅんび》を始めていた。とはいっても、最初《さいしょ》の釣《つ》り針《ばり》作りから。

乾《かわ》かしてあったシカの骨《ほね》を石のクサビで縦《たて》に割《わ》り、平たいパーツにする。水をつけながらするどい黒曜石《こくようせき》でひたすら骨《はね》を削《けず》る。かたいけど、水につけるとホントよく骨《はね》が削《けず》れた。こんどはそれをザラザラした砥石《といし》で磨《みが》く。

製作《せいさく》に2時間。やがて「し」の字のような白い釣《つ》り針《ばり》ができた。

次に釣《つ》り針《ばり》に植物の繊維《せんい》を撚《よ》って作った細い釣《つ》り糸《いと》をしっかりと結《ゆ》わえつける。それをさらに細長い棒《ぼう》（釣《つ》り竿《ざお》）の先につけてキット完成！　である。

いざ川へ！

まずは川の石の下から、エサにするムシ探《さが》し。チョロチョロ動く川ムシがすぐ見つかった。そしたらそれを釣《つ》り針《ばり》にブスッ。

お父さんの横に並《なら》び、見よう見まねで、ボクは川の深みに釣《つ》り糸《いと》を垂《た》らした。期待度大《きたいどだい》、初《はじ》めての釣《つ》りだ。

「グ、グッ！」

竿《さお》に手ごたえがあった。俗《ぞく》にいう〝入れ食《ぐ》い〟というヤツか？

見ると20㎝超《こ》えの獲物《えもの》。イワナとかヤマメとかなんだろうか？　たぐり寄《よ》せると、水しぶきを上げながらサカナは手のひらの中にヌルッとおさまった。

サカナは腰《こし》につけた木のつるで編《あ》んだカゴに。結局《けっきょく》5、6匹は釣《つ》れた。岩陰《いわかげ》に戻《もど》ると、枝《えだ》で串刺《くしざ》しにしてイロリばたに。超《ちょう》ワイルドな料理《りょうり》。焼《や》き魚なんて近頃《ちかごろ》食《く》ったことない。

サカナの焦《こ》げる香《こう》ばしい匂《にお》いに、ぐうぐうお腹《なか》が鳴《な》った。

弟の赤い実《クラ》の口からは、すでによだれが……たら〜ん。

まずはちびっこお二人が試食《ししょく》。そしてボクもサカナの腹《はら》にガブリ。汁《しる》がじゅわっと口に広がる。

「ウマッ！」

ぜいたくをいえば醤油《しょうゆ》がほしい。それからダイコンおろし。白いご飯《はん》もほしいとこだけど、そうか、コメは弥生《やよい》時代からだと社会科で習った。そもそもご飯《はん》やパンなどの食べ物は、まったくこの世界には存在しないのだ。

森の動物たち

ときどき岩陰《いわかげ》にはいろんな動物が顔をのぞかせる。

のんびりとカモシカがやってきて、めずらしそうにのぞき込《こ》む。

サルは木からは落ちず、上手につかまり、枝《えだ》から枝《えだ》へと渡《わた》っていく。父親はときどきサルに向かって弓を引いたが、矢はあえなく空《くう》を切る。サルは真っ赤な顔をして「捕《つか》まりませんよ〜だ」みたいに木々の間に消えた。

ノウサギは、草を輪《わ》っかにしたくくりワナを仕掛《しか》けてよく獲《と》った。鋭《するど》い石のナイフでさばき、親指みたいな形の道具で毛皮の脂身《あぶらみ》をこそげ落とす。

「ウサギの毛皮はとても丈夫《じょうぶ》なの。この〝ウル〟でていねいに脂《あぶら》を落

とし、歯で嚙《か》んでしなやかにしてからクツを作るのよ」

甘い実《クミ》さんは、親指みたいな黒い石の道具を〝ウル〟と呼んでいた。物にはすべて名がついていた。そして動物や植物にも。ただ、〝ウル〟みたいな聞いたことのない奇妙《きみょう》な名ばかりだった。

岩陰《いわかげ》のまわりの森や川にはいろんな生き物がいた。

目の前の川原で採《と》ったのは、〝ホエ〟という白い真珠《しんじゅ》みたいな二枚貝《にまいがい》。これを土器《どき》の中に入れたスープは絶品《ぜっぴん》！　なんともいえないうま味があった。

「うっ！」

木々の間からなんか落ちてきて、ぬるぬるしたものが背中《せなか》に入ることがあった。手を突《つ》っ込《こ》むとナメクジみたいなキモイヤツが指先に……。

見ると、ボクの血を少し吸《す》っているではないか！　〝ヒレ〟というのがこの小さな吸血鬼《きゅうけつき》の名前らしい。

もっとも注意が必要《ひつよう》なのは、じめじめした湿地《しっち》から時おり顔をのぞかせるマムシだった。

「ウォ～ン」

夜にはときどき遠吠《とおぼ》えが聞こえた。多摩《たま》動物公園で聞いたオオカミの声と同じだった。ちょっぴり不安《ふあん》な気持ちになった。

空にはきらきらと無数《むすう》の星。手を伸《の》ばせば届《とど》きそうなくらいだった。

ネオンサインが白々《しらじら》と光る八王子《はちおうじ》の夜を思い出し、ずいぶんと遠いところまで来ているんだと今更《いまさら》ながらしみじみとした気持ちになった。

そんなことを思いながら、毛皮の寝袋《ねぶくろ》にもぐり込《こ》んで眠った。

異邦人《いほうじん》

ある一日。

黄色い石を川からいくつか拾《ひろ》ってきて、炉《ろ》のそばで焼《や》いた。だんだん赤みを帯《お》びてくる。真っ赤になったら、今度はそれを石で細かくすり潰《つぶ》す。赤色の絵の具の出来上がりだ。

白い貝殻《かいがら》の中で、その赤い粉《こな》を水で溶《と》き、顔に塗《ぬ》りつける。

父親の堅《ク》い実《ク》は、顔に指で3本の線を描《か》いた。母親の甘《ク》い実《ミ》は眼《め》のまわりに丸を描《か》き、ピエロみたいな顔になった。

「ハヤトも塗《ぬ》れば？」

甘《ク》い実《ミ》さんが人差《さ》し指でボクの頬《ほお》に赤い絵の具で渦巻《うずま》きを描《えが》く。化粧《けしょう》（？）は初《はじ》めてで、ちょっと甘《ク》い実《ミ》さんの指がくすぐったかった。

青《ク》い実《リ》と赤《ク》い実《ラ》はボクを見て大笑い。

きっとバカボンみたいに見えるんだろうな〜。

そんなある日、ボクらのいる岩陰《いわかげ》を見慣《みな》れない顔つきの男がのぞいた。

髪《かみ》を束《たば》ね、眼光鋭《がんこうするど》く、日焼けした頬《ほお》には長いキズがあった。なんか過去《かこ》を背負《せお》ってそうな感じの男。弓と矢を担《かつ》ぎ、リュックみたいに背負《せお》った大きな荷物《にもつ》入れの中には、どうもトラベルセット一式が入っているらしかった。

男は父親の堅《ク》い実《ク》とひとしきり話したあと、ポーチの中から何か取り出し、敷《しき》物《もの》の上に並《なら》べた。

薄《うす》いピンクの丸っこい貝と、ストローのような筒状《つつじょう》の白い貝だった。

どちらも見たこともない美しい貝だった。海辺《うみべ》のものに違《ちが》いない。

堅《ク》い実《ク》は革袋《かわぶくろ》から、ピンポン玉くらいだろうか、ガラスのように輝《かがや》く黒い石を

20個近く取り出し、貝殻《かいがら》と交換《こうかん》した。

1時間くらいいただろうか。男はやがて川の上流へと消えていった。

甘い実《クミ》はピンクの貝を手に取ると、鋭《するど》く尖《とが》った黒い石のキリでグリグリともみ、小さな穴《あな》を開けた。植物の繊維《せんい》で作った細い糸を器用《きよう》に通し、ストロー状《じょう》の貝をいくつもするするっとつなぎ合わせると、きれいなネックレスができた。

「どうかしら」

彼女《かのじょ》はさっそくその飾《かざ》りを自らの胸元《むなもと》に誇《ほこ》らしげに飾《かざ》った。

「コホン」

後ろの方で堅い実《クク》のわざとらしい咳払《せきばら》いがした。

甘い実《クミ》は照《て》れ隠《かく》しをするかのように、ネックレスを自分ではかけず、小さな赤い実《クラ》の首にかけてやった。

青い実《クリ》と赤い実《クラ》

森は、小さな兄弟の格好《かっこう》の遊び場だった。

森の落ち葉は、アスファルトとは違《ちが》って、ふんわりと身体《からだ》を受け止めてくれた。

ボクも二人といっしょによく遊んだ。

よくやったのは弓《ゆみ》矢《や》遊《あそ》び。大きな木を的《まと》に何本矢が当たったかを競《きそ》うものだ。

矢を弦《つる》に引っかけて、ギリギリとしなるまで思い切り弓を引《ひ》っ張《ぱ》り、パッとぶっぱなす。ボクには弓は初《はじ》めての経験《けいけん》だった。最初《さいしょ》はうまくいかなかったが、だんだん狙《ねら》いが定まってくるようになった。これならどんくさい動物の1匹《びき》くらいは獲《と》れるかもしれない。

木登りもした。

「下ろして〜」

木の上で固《かた》まってしまった小さな赤い実《クラ》を、兄と二人で救出《きゅうしゅつ》(笑)したこともあった。

でも、どうしてもできないことがあった。それは……ヘビの首ねっこをつかみ、マフラーみたいに首に巻《ま》くことだ。

「ヌルヌルして気持ちいいよ」

「ハヤトもやってみる?」と赤い実《クラ》。

ムリ、ムリ。ボクはかたくなに手をふった。ヘビなんか、見てるだけでもイヤなのに、首に巻《ま》くなんて……(どうやらマムシとか毒《どく》ヘビではないらしいが)。

草笛《くさぶえ》は、傍《かたわ》らにある緑の葉っぱに爪《つめ》で切れ目を入れ、唇《くちびる》にあてて吹く。ピー・ピー・ピーと、とってもいい音がする。

川に向《む》かってオシッコがどれだけ飛《と》ぶかを競《きそ》い合う。これは背《せ》の高いボクの勝ち。兄のほうに20㎝も差《さ》をつけてやった!

こんなこと八王子《はちおうじ》でやったら、ご近所さんが黙《だま》っちゃいないだろう。

あるとき青い実《クリ》は大きな葉っぱを2、3枚摘《つ》むと、茂《しげ》みの中に隠《かく》れていった。

「ブリ、ブリッ、ブリッ」

ははん、案《あん》の定《じょう》。何かをする音がした。

しばらくしてから、とてもスッキリとした顔をして、青い実《クリ》が茂《しげ》みから戻《もど》ってきた。

大自然《だいしぜん》はいろんなことを受け入れてくれる。

飢餓《きが》

何日も雨が続《つづ》いていた。

濁《にご》った川の中にサカナの姿《すがた》は見えない。

木の実がなる秋にはほど遠く、春の山菜《さんさい》もつきた梅雨《つゆ》の頃《ころ》だった。

堅い実《クク》が山の中へと猟《りょう》に出かけても獲物《えもの》の姿《すがた》は見えず、ぬれ鼠《ねずみ》になったままうつむいて岩陰《いわかげ》に戻《もど》ってきた。

岩陰《いわかげ》にストックしてあった干《ほ》し肉《にく》もすべてつきた。

もう5日になる。みんな何も食べていない。飢《う》え死《じ》にしてしまうのだろうか。

「おなかが……すいた……」

小さな赤い実《クラ》が、かぼそく声を絞《しぼ》り出す。

母は、ときどき昆虫《こんちゅう》やカエルを捕《と》って赤い実《クラ》に与《あた》えたが、それで腹《はら》がいっぱいになるはずはなかった。

青い実《クリ》は兄のプライドにかけてか弟の前では弱音《よわね》を吐《は》かない。

「強い男はちゃんとがまんできるんだ」

父に教えられた言葉をそのまま繰《く》り返《かえ》す青い実《クリ》。しかし、実際《じっさい》は目の下にくまができ、ぐったりとしている。

ボクもこんな過激《かげき》なダイエットはこれまでしたことがない。木陰《こかげ》にオシッコへ行く気力さえ失《う》せた。

「大丈夫だ、山は俺《おれ》たちを見捨《みす》てはしない」

目をつむって腕組《うでぐ》みをした父、堅い実《クク》がそうつぶやいた。が、言葉はむなしく雨音にかき消されていった。

「野営地《キャンプ》を移《うつ》すしかないな」

堅《ク》い実《ク》はぼんやりとそう言った。ただ、山を下りたところで、食料《しょくりょう》が得《え》られる保証《ほしょう》があるわけではないらしい。厳《きび》しい現実《げんじつ》が目の前に横たわっていた。

落盤《らくばん》

まだ雨は降《ふ》りやまなかった。

バケツをひっくり返したような豪雨《ごうう》ではないが、グレーの空が果てしなく続《つづ》き、青空の片鱗《へんりん》さえ見えない。

雨にけぶった野山はモノクロームで、途中棄権《とちゅうきけん》したマラソンランナーみたいにグッタリとした風景《ふうけい》だった。

父親の堅《ク》い実《ク》はそれでもなんとかして獲物《えもの》を獲《と》ってこなければならない。朝早く身支度《みじたく》をととのえ、弓矢を背負《せお》って出かけていった。

母親の甘《ク》い実《ミ》も植物を摘《つ》みに出かけた。ボクもツルで編《あ》んだ小ぶりのバスケットを肩《かた》にかけ、甘《ク》い実《ミ》についていった。出がけに弟は、行っちゃヤダ、というように母の腕《うで》を引《ひ》っ張《ぱ》り、すねたような視線を投げかけた。

分《わ》け入《い》っても、分《わ》け入《い》っても青い山が続《つづ》いている。

大きな岩陰《いわかげ》は、待っている幼《おさな》い二人の兄弟が雨をしのぐには十分だった。

そうとう腹《はら》がへっていたはずだが、兄はぬれた葉っぱの上にひょっこりといたカタツムリを腕《うで》に乗せ、無邪気《むじゃき》に遊んでいた。

甘《ク》い実《ミ》と山に入ったボクは、雨にぬれながら食べられそうなありとあらゆる花や葉を摘《つ》んだ。

「その花はダメ」

ボクが紫色《むらさきいろ》の花を摘《つ》むと、甘《ク》い実《ミ》にたしなめられた。この紫《むらさき》の花は、矢の先に塗《ぬ》る毒《どく》となる植物らしい。

ひとしきり葉を摘《つ》み終えると、ボクらは足早《あしばや》に家路《いえじ》をたどった。多少でも子どもらに食べさせないと。

岩陰《いわかげ》の手前、すぐそこに帰りを待つ兄弟の声がもれてきて、ほっとした瞬間《しゅんかん》だった。パラパラと岩の上から小石が落ちているのが目にとまった。

いやな予感《よかん》がした。

第3章
青い実——1万年前

ゴ、ゴ、ゴッ……。
ドッ、ドーン……。
突然《とつぜん》、大きな地響《じひび》き。甘い実《クミ》とボクが岩陰《いわかげ》に入る直前のことだ。
岩陰《いわかげ》の上に突《つ》き出《で》た巨大《きょだい》な岩が落ち、ボクらの目の前を塞《ふさ》いだのだった。
何が起きたのか、ボクには一瞬飲《いっしゅんの》み込《こ》めなかった。
「……」
母親は呆然《ぼうぜん》と岩の前に立ちつくす。
その時間は一瞬《いっしゅん》だった気もするし、とても長かったような気もする。
やがて母親は髪《かみ》をふり乱《みだ》しながら、ピクリとも動かない巨大《きょだい》な岩にへばりつき、
幼《おさな》い二人の子の名を叫《さけ》んだ。声がかれるまで何度も何度も。
やがて母親の喉《のど》の奥《おく》からは、激《はげ》しい嗚咽《おえつ》がこみ上げてきて、響《ひび》きやむことはなかった。
「山はボクたちを見捨《みす》てたのか」
ぼくも無力《むりょく》にただ立《た》ちつくしているだけだった。
父はまだ戻《もど》ってこない。
凍《こお》りつくような時が流れた。

このような出来事《できごと》が起《お》きると、実《じつ》の母子の深《ふか》い絆《きずな》の前に、ボクは単《たん》なるよそ者でしかなかった。

いったんはボクも母さんの住む世界に帰ろう。

やりきれない気持ちがそんな思いにさせた。

木陰《こかげ》に行ってから、迷《まよ》うことなくスマホで［戻る］のボタンをタップした。

後ろ髪《がみ》を引かれながらも、その後若い夫婦《ふうふ》がどうなったのかを見届《みとど》けることはできなかった。

逃《に》げるようにボクは、1万年前の世界を後にしたのだった。

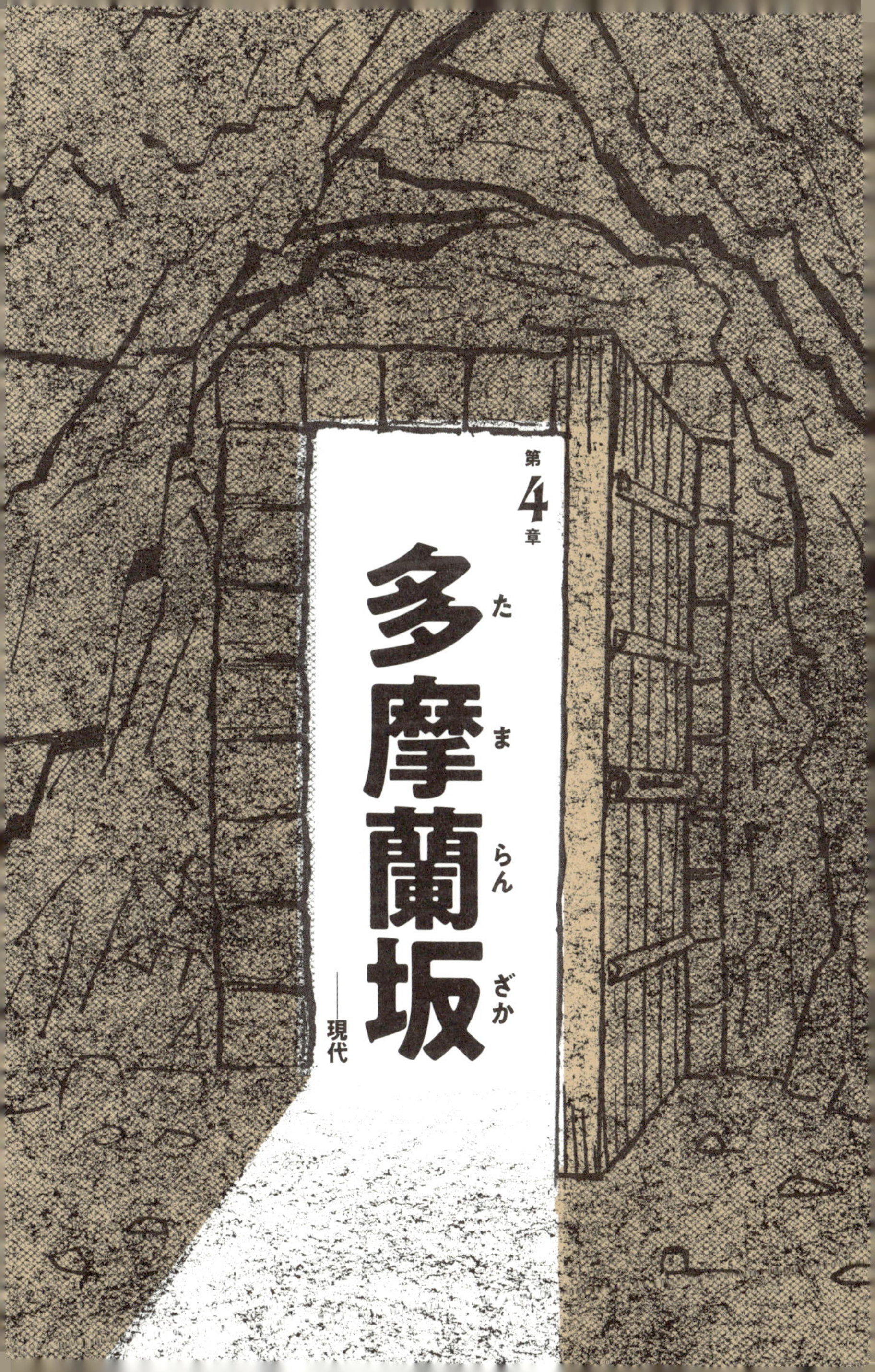

第4章 多《た》摩《ま》蘭《らん》坂《ざか》

——現代

空腹《くうふく》

「ハヤト〜、あんた、いつまで寝《ね》てんのよ！」

やっぱ、いつもの朝の母さんの声だ。ああ眠っ、カンベンしてほしい。

「発掘《はっくつ》に行くんじゃなかったの⁉」

そうだった。今日は学校は休み。ホリさんが声をかけてくれた都《と》マイブンの発《はっ》掘現場《くつげんば》を見学に行く日だった。

あれっ、おかしいな？

昨晩《さくばん》のスマホタップのあとボクは、1か月以上は1万年前の世界に行っていたはずだ。しかし、スマホの日付は翌日《よくじつ》だ。実際はひと晩《ばん》しかたっていない……？

また前回と同じか？　頭がこんがらがったまま、ボクが部屋から出ると、すでにこんがりとトーストが焼けていて、サラダとゆで玉子、それにボクの大好物《だいこうぶつ》のウインナーソーセージ、ピリッとするマスタードまで添《そ》えてある。

ボクはとてもお腹《なか》がすいていた。

いきなりトーストにガブリ！

「あんた、起きるなりパンを頬張《ほおば》って、顔も洗《あら》ってないでしょ??」

「オレ、5日以上何も食《く》ってないから……」

「……」

母親の目が一瞬《いっしゅん》、点になるのがわかったが、すぐ真顔に戻《もど》った。

「ずいぶん気のきいた冗談《じょうだん》が言えるようになったじゃない！　ゆうべの晩《ばん》ご飯《はん》でハンバーグをバクバク食べてたのはどこの坊《ぼう》やだっけ？」

ボクは何も反論《はんろん》できなかった。

でも1万年前の飢餓《きが》は、確《たし》かにお腹《なか》が証明《しょうめい》していたのだ。

「さあ、早いとこ食べて、お皿洗《あら》っといてね！　母さんが遺跡《いせき》まで乗っけてくから」

速攻《そっこう》で着替《きが》えて、母さんの軽ワゴンに乗り込《こ》んだ。

エンジンがかかると母さんは、お気に入りのアイドルの音楽をボリュームアップ。ノリノリでハンドルをにぎった。

「やめなよ、そんなに大声で口開けて歌ってたら、すれ違《ちが》う車にアホだと思われるから」

「別《べつ》に〜。個人《こじん》の勝手でしょ。それよりハヤト、遺跡《いせき》は趣味《しゅみ》にしときなよ、趣味《しゅみ》に。ゼッタイ食《く》えないから。八王子《はちおうじ》市役所でも入って、手堅《てがた》い公務員《こうむいん》でも目指せばどう？」

ホリさんによれば、遺跡調査《いせきちょうさ》の仕事は地方公務員《ちほうこうむいん》としてけっこう口があるらしいんだけど……。

でも、あえてこう反論《はんろん》。

「芸能界《げいのうかい》入って、アイドルになろっかな〜」

この冗談《じょうだん》にはさすがの母さんも言葉を失《うしな》ったかに思えた、しかし……。

「顔を洗《あら》ってから、その顔をよ〜く鏡《かがみ》で眺《なが》めてみることね！」

考古学はゴミ収《しゅう》集《しゅう》!?

母さんの車は家から多摩川《たまがわ》を渡《わた》り40分くらいで、国分寺市多摩蘭坂《こくぶんじしたまらんざか》についた。多摩蘭坂《たまらんざか》を登り切る手前に工事用のゲートがあって、多摩蘭坂《たまらんざか》B遺跡発掘《いせきはっくつ》中、関係者以外《かんけいしゃいがい》立ち入り禁止《きんし》の看板《かんばん》が出ていた。

「んじゃハヤト、母さんは仕事に行くから。帰りは電車でね」

母さんを見送ったあと、入り口の警備員《けいびいん》さんに「発掘《はっくつ》を見に来たのでホリさんを呼《よ》んでください」と言うと、

「あれ～、今日は平日でねえの、学校は？」と警備員《けいびいん》さん。

ボクは、先生方の研修会《けんしゅうかい》で休みであることを伝えた。

「よっ！」

首にタオルを巻《ま》いた相変《あいか》わらずのホリさんがすぐ出てきてくれた。

多摩蘭坂《たまらんざか》B遺跡《いせき》のゲンバでは発掘作業《はっくつさぎょう》が進んでいた。

作業員さんたちは、黒いシミ、つまり埋《う》もれた遺構《いこう》の土を、イショクで、まるで皮をむくみたいに薄《うす》く丁寧《ていねい》に削《けず》っていく。土器《どき》や石器《せっき》などの遺物《いぶつ》が出ると、ビニール袋《ぶくろ》に入れ、出た場所に串《くし》を刺《さ》しておく。串《くし》は焼とり用の串《くし》がちょうどいいらしい。

今度は大きめの土器片《どきへん》が出た。

「あっ、そのまま。そのまま」

大きなものは袋《ふくろ》に移《うつ》さず、そのまま置《お》いておくのが鉄則《てっそく》だ。うれしがってすぐ取り上げちゃいけないらしい。そう〝観察《かんさつ》と記録《きろく》〟だ。

ホリさんは土器《どき》のまわりの土をハケで丁寧《ていねい》にはらうと、何枚か写真をとった。土器《どき》には、遺跡名《いせきめい》・遺構名《いこうめい》・地層《ちそう》・ナンバーの記載《きさい》されたラベルがつけられ、スタッフが測量機械《そくりょうきかい》でその位置《いち》を記録《きろく》した。

「ここ住居《じゅうきょ》らしいな」とホリさん。

「遺物《いぶつ》が住居《じゅうきょ》のどんな場所にどんな状態《じょうたい》で残《のこ》されているか。これが大事。そのために正確《せいかく》な位置情報《いちじょうほう》を記録《きろく》するんだよ。

もっとも、本来の場所に残《のこ》されている遺物《いぶつ》は、きわめて少ない。ほとんどの遺《い》物《ぶつ》はその後の影響《えいきょう》を受けて動いている。それも含《ふく》めての研究をする必要《ひつよう》があるんだ。

たとえば住居《じゅうきょ》の中から土器《どき》が出てきたとするよね。ごく自然に考えれば、この住居《じゅうきょ》に住んでいた人が使っていたものだ、と思うに違《ちが》いない。しかし、そうではない場合も多い。

たとえば、廃屋《はいおく》になって埋《う》もれかかった住居《じゅうきょ》のくぼみが、そのあとに住んだ人のゴミ穴《あな》になり、割《わ》れた土器《どき》などが捨《す》てられることもある。

その場合、出土《しゅつど》した土器《どき》は、住居《じゅうきょ》に人が暮《く》らしていた時のものよりあとの時期のものということになる。

こうした土器《どき》は考古学者にとっては宝なんだけど、本来住居跡《ほんらいじゅうきょあと》から発掘《はっくつ》されるのは、いわば当時の不燃《ふねん》ゴミみたいなもの。当時の人も、使える土器《どき》や石器《せっき》はあえて住居《じゅうきょ》に捨《す》てていったりしない。

割《わ》れてしまった土器《どき》や刃《は》がこぼれた石器《せっき》などが住居《じゅうきょ》に残《のこ》される。骨《ほね》や木でできた道具なんかも捨《す》てられたんだろうけど、何千年という時がそうした腐《くさ》りやすいもの、つまり可燃《かねん》ゴミは消し去ってしまう」

そうか、考古学者がやっているのは宝探《たからさが》しじゃなくて、ゴミ収集《しゅうしゅう》なんだ。もちろん、墓《はか》に供《そな》えられているような財宝《ざいほう》を掘《ほ》り出す場合もあるらしいんだけど。

顔面把手発見《がんめんとってはっけん》！

「キミも掘《ほ》ってみる？」とホリさん。

「い、いいんですか？　やった！」

ボクは内心《ないしん》ジャンプしたい気持ちだった。

ベテラン作業員さんの横に入り、ボクもイショクを握《にぎ》った。さっそくちっちゃな土器《どき》のカケラみたいなのが顔を出す。

「これ何ですか？」

「ああ、残念《ざんねん》でした。これはスコリアといって火山から飛んできた石。石なのにちっちゃな土器《どき》のかけらみたいに見えるんで、まぎらわしいんだ。土器《どき》だったらもっと薄《うす》くて平たいよ」

余計《よけい》むきになって掘《ほ》り進めるボク。

「じゃあ、これは」

「土器《どき》に間違いないね。キャタピラ文《もん》っていうんだけど、キャタピラが地面につけたような文様《もんよう》。縄文中期《じょうもんちゅうき》の土器《どき》だね。縄文《じょうもん》っていうと、縄《なわ》を転《ころ》がしたような模様《もよう》が思い浮《う》かぶけど、さまざまな模様《もよう》がつけられていたんだ」

「これ、何だろう?」

肉まんみたいな丸い形の土器《どき》が出てきた。

「あっ、それその場所に置《お》いたままね！ 手ボウキでそっと覆《おお》ってる土を掃《は》いてみて」

「わっ！」

思わずボクは叫《さけ》んだ！ 手ボウキで土を掃《は》き出すと、その肉まんには、つり上がった目と小さな口がついていて、人間の顔をしていたからだ。

「やったな！　勝坂式土器《かつさかしきどき》の顔面把手《がんめんとって》じゃないか!!」

「カッサカシキドキノガンメントッテ？」

「勝坂遺跡《かつさかいせき》は神奈川県相模原市《さがみはらし》にある国指定史跡《しせき》。そこで最初《さいしょ》に見つかったのがさまざまな装飾模様《そうしょくもよう》をつけた５０００年前の縄文《じょうもん》中期の土器《どき》。そのユニークな土器《どき》の一群《いちぐん》は遺跡《いせき》の名をとって勝坂式《かつさかしき》と名づけられた。この顔面把手《がんめんとって》も仲間のひとつだ」

縄文人《じょうもんじん》は土器《どき》に、よく顔をつけたらしい。ヘビやサンショウウオに似《に》た模様《もよう》もあるという。不思議《ふしぎ》な模様《もよう》がたくさんつけられた。この模様《もよう》に、どんなメッセージが込《こ》められているんだろうか？

ホリさんはタブレット端末《たんまつ》でその一例《いちれい》、山梨県北杜市津金御所前遺跡《ほくとしつがねごしょまえいせき》の顔面把《がんめんとっ》手《て》のついた縄文中期《じょうもんちゅうき》の土器《どき》を見せてくれた。確《たし》かに今出た土器《どき》の顔とそっくり。

しかも上下に二つの顔。

「この場合、縄文人《じょうもんじん》は土器《どき》全体をお母さんの身体《からだ》に見立てて作っていたんだ。上のほうについている把手《とって》がお母さんの顔。土器《どき》のふくらんだ胴体《どうたい》の真ん中についているのが、お腹《なか》から今にも生まれようとする赤ちゃんの顔。これ、出産土器《しゅっさんどき》って呼《よ》ばれてるんだよ」

産婦人科《さんふじんか》にも行けず、縄文人《じょうもんじん》のお産《さん》はたいへんだったのかもしれない。

ボクはふと、4万年前の旧石器人《きゅうせっきじん》の出産《しゅっさん》に立ち会ったことを思い出した。

医者やクスリもなく、子どもが生きのびるのにたいへんだった時代。丈夫《じょうぶ》な子どもが生まれるよう、縄文人《じょうもんじん》はこの土器《どき》に願《ねが》いを込《こ》めたのだろうか。

竪穴住居《たてあなじゅうきょ》

顔面把手《がんめんとって》の発見の興奮《こうふん》が忘《わす》れられず、翌日《よくじつ》もボクはゲンバに行った。学校が2連休《れんきゅう》なんてめったにない。ホリさんは苦笑《にがわら》いをしながらも竪穴住居《たてあなじゅうきょ》を掘《ほ》らせてくれた。

竪穴《たてあな》のくぼみは50㎝近く掘《ほ》り進められた。すると突然《とつぜん》ボクのイショクの先はカチカチの部分に突《つ》き当たった。

「そこが住居《じゅうきょ》の床面《ゆかめん》だよ」とホリさん。

5000年たっても、縄文人《じょうもんじん》が長年にわたって踏《ふ》みしめた床《ゆか》は、土なのにコンクリートのように硬《かた》かった。逆《ぎゃく》にその上にある柔《やわ》らかい土は、ウソみたいに簡単《かんたん》にはがれる。

床面《ゆかめん》には4つの穴《あな》が、規則的《きそくてき》に並《なら》んでいた。住居《じゅうきょ》を支《ささ》える柱《はしら》が立っていた穴《あな》だ。もちろん、当時の柱《はしら》は、影《かげ》も形も残《のこ》っていない。穴《あな》はとても深く、手が届《とど》かないため、中華料理《ちゅうかりょうり》で使う長い柄《え》のついたお玉で掘《ほ》られていた。

お玉ですくわれた土は、ミといううちり取りを大きくしたような道具に集められ、ネコと愛称《あいしょう》される一輪車《いちりんしゃ》にのせられ土捨《す》て場に捨《す》てられる。

となりの作業員さんは、円形の住居《じゅうきょ》の中央部にある、細長い川原石《かわらいし》で円形に囲《かこ》われた石囲炉《いしがこいろ》を掘《ほ》っている。中には真っ赤に焼《や》けた土「焼土《しょうど》」が残《のこ》っていた。

炉《ろ》の中の焼土《しょうど》は捨てずにためておかれて、細かな目のフルイにかけられ、さらに水洗《みずあら》いまでされていた。縄文人《じょうもんじん》が食べた木の実やマメ類《るい》など植物《しょくぶつ》食料が残《のこ》っている場合があるのだという。

住居《じゅうきょ》中央の炉《ろ》に縄文土器《じょうもんどき》が置《お》かれ、グツグツと煮込《にこ》んだ食事が作られたに違《ちが》いない。またここは、冬には暖《だん》をとるイロリでもあったんだろう。

ボクは、この中で暮《く》らした縄文《じょうもん》時代中期の家族のことを考えてみた。

ふと頭をよぎったのは、次のタイムトラベルのことだった。5000年前を訪《たず》ねるしかないな、と。

イブツセーリ

「あれ〜っ、やだ〜、ハヤトくんじゃない！」

よく見ると同級生のタクヤのお母さん。なぜ、ここに？

ここは都《と》マイブンの2階。イセキから出た出土品《しゅつどひん》（遺物《いぶつ》っていう）を整理している部屋＝遺物整理室《いぶつせいりしつ》だ。

たくさんの女性がいてブツブツ言いながらイブツをいじっていた。

聞けばタクヤのお母さんは都《と》マイブンのイブツセーリのバイトに何年も来ているという。いろんな大昔のモノに触《ふ》れることができるので、けっこう楽しい仕事なんだって。

「なんでキミが⁉」とタクヤの母さん。

ボクが考古学にとても興味《きょうみ》があって、都《と》マイブンに来たことを話すと、

「あら、いいじゃない。タクヤなんかアニメオタクなんだから」

じつはボクも大好《だいす》きなアニソンを聴《き》きまくっていることを、さすがに言い出せなくなった。

タクヤの母さんがやっていたのは、クッキーくらいの土器《どき》のカケラにちっちゃな字を書く作業。アリみたいな字が並《なら》んでいた。気が遠くなるような作業だった。

「何してるんですか？」と定型質問《ていけいしつもん》。

「土器《どき》のひとつひとつにね、出てきた遺跡《いせき》や住居跡《じゅうきょあと》の番号を書いてるの。園児《えんじ》が持ち物におなまえ書くみたいに。混《ま》ざっちゃたりしたら、出てきた場所がわかんなくなっちゃうでしょ、一個、一個ていねいに書いているのよ」

園児《えんじ》の持ち物と、土器《どき》がどういう関係《かんけい》を持っているかはよくわからなかったが、見ると机《つくえ》の上の何百という土器《どき》すべてに、文字が書かれていた！　しかもキレイに。字のヘタなボクにはゼッタイ無理《むり》。

部屋のすみっこでは、20代らしきショートヘアの女性が土器《どき》をいじっていた。

3Dジグソーにドキドキ

「キターッ！」

ショートヘアの若い女性が大声で叫《さけ》んだ。他の女性たちがいっせいにふり向く。土器《どき》の大きなカケラが、パズルの間を埋《う》めるようにピタッとくっつき、ヘルメットをひっくり返したような土器《どき》の全体の姿《すがた》が見えてきた。

「こちら加藤隼人《かとうはやと》くん」

ホリさんは、土器《どき》パズルを組み立て、ガッツポーズをしている女性に、ボクを紹介してくれた。

「はじめまして、松田《まつだ》で～す」

女性は松田翔子《まつだしょうこ》さん。東都大学《とうとだいがく》の大学院生、マスター2年。マスターっていっても喫茶店《きっさてん》に立ってコーヒー入れてるわけじゃない。大学院の修士課程《しゅうしかてい》のことを

マスター・コース、博士課程《はくしかてい》のことをドクター・コースっていうらしい。縄文《じょうもん》時代の古い土器《どき》について修士論文《しゅうしろんぶん》を書いて大学に提出《ていしゅつ》する。そのため、都《と》マイブンのイブツセーリを手伝っているのだという。

「土器《どき》の接合《せつごう》って、３Ｄのジグソーパズルみたいなもの。くっついたときのカ・イ・カ・ンってたまらない」

カイカンって〜のは、人それぞれなんだな〜と思った。見ていると、セメダインでカケラどうしがくっつけられ、とれないよう洗濯《せんたく》バサミでとめられた。

「この土器《どき》、隆起線文土器《りゅうきせんもんどき》っていうんだ。縄文《じょうもん》時代でももっとも古い土器《どき》のひとつ。なんかドキドキしない？」

考古学者がよく言うダジャレのひとつらしい。

ヘルメット型の土器のまわりには、ミミズが這《は》ったような線が張《は》りつけられていた。これが隆起《りゅうき》した文様《もんよう》なので「隆起線文《りゅうきせんもん》」というらしい。

「私が考古学に興味《きょうみ》を持ったのは、小学生の時。実家は新潟県《にいがたけん》の十日町市《とおかまちし》でとっても雪深いところ。実家の近くで発掘された久保寺南《くぼでらみなみ》という遺跡《いせき》から、１万年以上前の古い土器《どき》が発見されたのを見てからのこと。それが隆起線文土器《りゅうきせんもんどき》だったのよ〜。

『あー、私の家の近くにも1万年以上前から人が住んでたんだな～って』って、めちゃ感動した！　それになんといっても……発見！　発見のトキメキが私を遺《い》跡《せき》に呼《よ》んでいるの」

マスター・ショウコ（マスターとマツダをかけたニックネーム）は、ボクを年の離《はな》れた弟のようにかわいがってくれ、すぐＬＩＮＥ《ライン》でもつながった。以来、このお姉さんは、あっちこっちの考古学最前線《さいぜんせん》へとボクをつれて行ってくれた。

なぜそんなにボクをかわいがってくれたのか、その理由はあとからわかった。彼女《かのじょ》には弟がいたのだが、少《すこ》しやっかいな病気《びょうき》にかかっていて、ちょうどボクぐらいの年に亡《な》くなってしまったらしいのだ。

「大昔のことを考えていると、行き場のない悲しみなんかも忘《わす》れられちゃうからいいのよ」

マスター・ショウコはそう言って、遠くを見た。

シブヤでドキッ

ガラスの向《む》こう、かじりかけのクッキーみたいな小さな土器《どき》のカケラ。

ボクにはそれが人類史上《じんるいしじょう》、もっとも重要《じゅうよう》な発明品には思えなかった。

渋谷《しぶや》の國學館大学《こくがくかんだいがく》博物館。その特別展で飾《かざ》られていたのは、青森県の大平山元《おおだいやまもと》Iという遺跡《いせき》で発見された土器《どき》のカケラだった。ボクは、マスター・ショウコの案内でここにやってきた。

「ほら、土器《どき》のカケラにオコゲのような黒いものがこびりついている」

ショウコさんが言うように、表面にはオコゲが……。そのオコゲをほんの耳かき1杯分《ぱいぶん》ほど削《けず》り取って、放射性炭素年代《ほうしゃせいたんそねんだい》を出したのだという。出てきた年代は1万6500年前。日本最古《さいこ》の年代の土器《どき》ということらしい。

「たとえば寒い冬、あったかいシチューが食べたくなった。で、君はどうする？」

まずボクの頭に浮《う》かんだのは、白い板チョコみたいなシチューの素《もと》。肉とジャガイモが必要《ひつよう》だな。ニンジンは好きじゃないから入れなくていい。材料《ざいりょう》を鍋《なべ》に放《ほう》り込《こ》んで、コトコト・コトコト煮《に》る。そしてシチュー皿とスプーン。あとは食べるだけ。ああ、なんだかオナカがすいてきた。

「でも、鍋《なべ》やお皿がなかったらシチューにありつけない」とショウコさん。

「だから鍋《なべ》やお皿、つまり器《うつわ》は、人類《じんるい》の暮《く》らしになくてはならない道具なの」

それ以前《いぜん》、つまり旧石器《きゅうせっき》時代には土器《どき》はなかった。それはまさに時間旅行《タイムトラベル》でこの目で確《たし》かめてきたことだった。肉を直接焼《ちょくせつや》いたり、石で蒸《む》したりすることはできた。でも、器《うつわ》がなければ煮込《にこ》んだりすることは無理《むり》だ。器《うつわ》がなければあったかいココアも飲めない。

土器《どき》の発明で、いろんな味付《あじつ》けができるようになり、煮込《にこ》んだ食べ物は柔《やわ》らかくなって消化《しょうか》もよくなった。火を通《とお》すことで殺菌効果《さっきんこうか》も得《え》られた。また、土器《どき》に水をためておくこともできた。つまり、人類最大《じんるいさいだい》の発明ってわけだ。

ボクはシチューを食べるたびに、土器《どき》を作り始めた縄文人《じょうもんじん》に感謝《かんしゃ》の祈《いの》りをささげるべきか。

「日本の土器《どき》は世界最古《さいこ》のグループのひとつ。でも近年では、中国やロシアでも古い土器《どき》が見つかっている。いつ、どの場所で土器《どき》が生まれたのか。あるいは大《たい》陸《りく》のあちこちで土器《どき》が作られ始めたのか？　いろんな説《せつ》があってわからないの。私《わたし》、それを追っかけてみたいんだ」

実際《じっさい》ショウコさんは、ロシアの極東地域《きょくとうちいき》にまで発掘《はっくつ》に出かけたことがあるという。アムールタイガーという絶滅寸前《ぜつめつすんぜん》のトラやヒグマが出る場所だという。

喰《く》われたらどうすんの〜！　そこまでして引《ひ》っ張《ぱ》る考古学の魅力《みりょく》っていったい??

圧痕女子《あつこんじょし》

「ヨッ！　ショウコ、修論《しゅうろん》、進んでる？」

顕微鏡越《けんびきょうご》しに髪《かみ》を束《たば》ねた女性が声をかけた。

「ススンデねぇし、聞くんじゃねぇよ」みたいな顔をしながら、「そっちは」とショウコ姉さん。

「なかなかねぇ、見つからんのよねぇ、アッコンが」

國學館大学博物館《こくがくかんだいがく》の見学を終え、ショウコさんは博物館のバックヤードにあるラボにボクを案内《あんない》してくれた。

そこで顕微鏡《けんびきょう》をのぞいていたのが、國學館大学《こくがくかんだいがく》大学院生の代々木優香《よよぎゆうか》さんだ。シブヤなのにヨヨギなんてまぎらわしい。

ユウカさんは植物考古学が専門。ボクに今やっている研究のことを話してくれた。

「ほら、土器《どき》のここに丸っこいちっちゃな穴が開いているでしょ。これが縄文時《じょうもん》代の植物のタネの可能性《かのうせい》があるんだ。ここにシリコンを注入して型を取り、顕微《けんび》鏡《きょう》で観察《かんさつ》するの。ほら、このシリコン型《がた》はダイズだった例」

見ると、エダマメくらいの大きさがある。野生《やせい》のマメではこんなに大きくならないらしい。

「縄文《じょうもん》時代は狩《か》りと植物採集《しょくぶつさいしゅう》の時代。植物が栽培《さいばい》されたり、農耕《のうこう》が行われたりした証拠《しょうこ》はなかった」とユウカさん。

「でも最近《さいきん》では、野生種《やせいしゅ》じゃ見られないほど大きいマメ類《るい》が発見されて、マメの栽培《さいばい》なんかが行われてたんじゃないかっていう仮説《かせつ》が出てきた」

なんで？

縄文人《じょうもんじん》がマメ作ってたって、別《べつ》に不思議《ふしぎ》じゃない気がしたが……。

「ほら、こっちは別《べつ》の土器《どき》のレントゲン写真。中にたくさんの粒《つぶ》が写ってるでしょ。これ、マメの粒《つぶ》だってことがわかった。なんで縄文人《じょうもんじん》が土器《どき》にわざわざマメの粒《つぶ》を混《ま》ぜたのか、あるいは自然《しぜん》に混《ま》ざったのかはよくわからない」

レントゲン写真を見たボクは、「息を大きく吸《す》って、はい、止めて。そのままー。パシャ！」なんて、なんだか土器《どき》がレントゲンを撮《と》っている姿《すがた》を想像《そうぞう》した。

植物考古学者たちは、それまでなかったといわれる縄文《じょうもん》時代の栽培《さいばい》の証拠《しょうこ》を見つけ出そうと毎日顕微鏡《けんびきょう》を相手に目を凝《こ》らしているらしい。

ユウカさんは言った。

「考古学をエキサイティングにするもの。それは定説《ていせつ》をくつがえす〝発見〟にあるんだ」

ハリー・ポッタリー

「ごめ〜ん、待ったぁ〜？」

マスター・ショウコはいつも必《かなら》ず遅《おく》れてくる。もう慣《な》れっこだけど。

「ラーメンでも食べよっか！　お昼まだなんだよね〜？　おごっからさ〜」

横浜市営地下鉄《よこはましえいちかてつ》の駅前のとんこつラーメン屋にボクらは入った。姉さんはあっという間に1杯目を平《たい》らげ、「おじさ〜ん、替《か》え玉《だま》」と追加《ついか》を頼《たの》んだ。食欲《しょくよく》、おそるべし！

それからボクらは横浜市歴史博物館《よこはましれきしはくぶつかん》へと向かった。

博物館《はくぶつかん》にはショウコさんの好きな隆起線文土器《りゅうきせんもんどき》がいっぱい並《なら》んでいた。横浜市《よこはまし》にある花見山《はなみやま》という遺跡《いせき》から出たということだ。縄文人《じょうもんじん》はこの土器《どき》の鍋《なべ》を囲《かこ》み、お花見でもしたんだろうか？

「私が隆起線文《りゅうきせんもん》のカケラをじっくり観察《かんさつ》してる間、ハヤト君は土器《どき》でも作らない？　2時間くらいあれば土器《どき》はできるよ。横浜《よこはま》たそがれ、になる前に終わるわよ」

　ときどき姉さんは意味不明《いみふめい》なことを言う。夕方までには完成《かんせい》する、ということらしい。いっしょに、あんまり長いこと土器《どき》を見てるのも疲《つか》れるし、とくに異論《いろん》はなかった。

　体験《たいけん》学習室と書いてある部屋に行くと、エプロンをした女性が待ちかまえていた。

「はいっ、これ！」

　その女性から渡《わた》されたのはお豆腐《とうふ》2丁《ちょう》分くらいの粘土《ねんど》。

「まず、土器《どき》の底《そこ》を作ります。粘土《ねんど》をオセンベイのように円盤形《えんばんけい》にします」

　博物館《はくぶつかん》には割《わ》れたホンモノの土器《どき》の底《そこ》があった。

「底《そこ》にはねぇ、敷物《しきもの》のあとや葉っぱのあとがついてるの。敷物《しきもの》や葉っぱの上だと、土器《どき》を作る時にちょこちょこ回転《かいてん》しやすいの。

　次は、粘土《ねんど》を両手でしごいて、細長いヒモを作ります。キミが朝してきたのよりは細くね。ロープぐらいの太さがちょうどいいです」

一瞬《いっしゅん》、意味がわからなかったが、朝してきたというのは、ウ◯コのことらしい。

この人、真面目《まじめ》な顔して面白《おもしろ》いことを言う。

「この土器《どき》の内側には粘土《ねんど》ヒモの跡《あと》が残《のこ》っているでしょ」

出た！　またホンモノの土器《どき》。

「これが粘土《ねんど》のヒモの輪《わ》を幾重《いくえ》にも積《つ》み上げて作った証拠《しょうこ》なの。〝輪《わ》積《づ》み法《ほう》〟っていうの」

とりあえずボクは、センベイのようだが食えない土器《どき》の底《そこ》を作り、それを敷物《しきもの》の上に置《お》いて、何本も何本も粘土《ねんど》ヒモを輪《わ》にして積《つ》み上げた。

次に、輪《わ》を積《つ》み上げた部分を輪《わ》の跡《あと》が消えるくらいにナデつけて、内側も外側も平らにする。輪《わ》の継《つ》ぎ目から水がもれないようにするためでもあるらしい。

だいたいの形ができたら、今度は文様《もんよう》つけ。

5㎜くらいの太さに撚《よ》った縄《なわ》を土器《どき》の上に転《ころ》がす。するとコメ粒《つぶ》がずらっと並《なら》んだような模様《もよう》ができた。

「これが縄文土器《じょうもんどき》の由来《ゆらい》になった縄目文様《なわめもんよう》」と、いつのまにかショウコさん。

「縄文人《じょうもんじん》は、さまざまな撚《よ》りの縄《なわ》を持っていて、縄文土器《じょうもんどき》に刻《きざ》んだの。そのパターンが時期や地域《ちいき》によって異《こと》なったりするんだ」

土器《どき》作りも最後《さいご》はかけ足（ハリー）で、2時間ほどの苦心《くしん》の末《すえ》、なんとかたそがれまでにはマイ縄文土器《じょうもんどき》（ポッタリー）の形ができた。

これはすぐ焼《や》くと水分なんかで割《わ》れちゃうんで、1か月から2か月くらい乾燥《かんそう》させてから、薪《まき》で野焼《のや》きをしてくれるということだった。

割《わ》れないように火を管理《かんり》しながら土器《どき》を焼《や》くことって非常《ひじょう》に難《むずか》しいらしい。焼《や》き上がりを楽しみに待つことにした。

東都大学《とうとだいがく》

ある日曜日の午後、ボクはショウコ姉さんと東都大学《とうとだいがく》へと向かった。

午後2時から開催《かいさい》される東都大学《とうとだいがく》大学院の佐伯弘教授《さえきひろしきょうじゅ》の講演会《こうえんかい》を聴《き》くためである。

佐伯教授《さえききょうじゅ》は姉さんの指導教官《しどうきょうかん》でもあり、旧石器《きゅうせっき》時代から縄文《じょうもん》時代にかけての先《せん》史《し》考《こう》古《こ》学《がく》研究の第一人者でもあった。

「最古《さいこ》の海洋航海者《かいようこうかいしゃ》と日本列島の古環境《こかんきょう》」

というのが講演《こうえん》タイトル。

4万年前の世界で必死《ひっし》に舟《ふね》をこいで海を越《こ》えたボクを、このタイトルの引力がグイグイ吸《す》い寄《よ》せる。丸ノ内線の本郷《ほんごう》三丁目駅で下車、改札《かいさつ》を出ると右に曲がって、本郷通《ほんごうどお》りに出たら左に曲がって、まっすぐ進む。ほどなく有名な赤門《あかもん》をすぎ、正門が見えてくる。

正門から両側には、大銀杏《おおいちょう》の並木《なみき》、ゴシック様式だという美しい建物《たてもの》が続《つづ》き、その正面に目指す講演《こうえん》会場の安井講堂《やすいこうどう》があった。

「ちょっと研究室に顔を出してみない？」

ゴシック様式の建物《たてもの》の3階《かい》にショウコ姉さんの所属《しょぞく》する考古学研究室があった。本棚《ほんだな》には、びっしりと洋書。歴代《れきだい》の教授《きょうじゅ》の写真がズラリと飾《かざ》られ、伝統《でんとう》が滲《にじ》み出《で》ていた。

「やあ、こんにちは。佐伯《さえき》です」

講演《こうえん》前、研究室でコーヒーを飲んでいた佐伯教授《さえききょうじゅ》がボクに握手《あくしゅ》をしてくれた。

本物の佐伯弘《さえきひろし》先生。ときどきテレビの遺跡解説《いせきかいせつ》インタビューで見かける眼光鋭《がんこうするど》い考古学研究者も、会ってみるとけっこう気さくな人物だった。

「キミは将来、考古学が学びたくてここに下見《したみ》に来たのかい？」

冗談《じょうだん》とも本気ともつかない先生の言葉。

「え……ええ、ま、まあ」

ウソでしょ！　たぶんボクの今の学力だと、天下の東都大学《とうとだいがく》に入るのはかなり難しい。だからこうやって研究室に入れただけでもなんとなくラッキーだった。

まずは腹《はら》ごしらえ。ボクは安井講堂《やすいこうどう》地下の学食で、姉さんと名物の赤門《あかもん》カレーを食べた。真っ赤な唐辛子《とうがらし》に染《そ》まったカレーはかなりスパイシーだった。姉さんは例《れい》によってもう一品。サイドメニューの唐揚《からあ》げをほおばる。

佐伯《さえき》先生の講演《こうえん》会場は、すでに考古学ファンでいっぱいだった。

時を測《はか》る

「4万年前、現生人類《げんせいじんるい》が日本列島へと初《はじ》めてやってくる時、朝鮮《ちょうせん》半島と九州の間は海峡《かいきょう》が分断《ぶんだん》しており、舟《ふね》なしには渡《わた》ってこられなかった。したがって彼《かれ》らは、勇気《ゆうき》ある最古《さいこ》の航海者《こうかいしゃ》でもあったんです」

と佐伯《さえき》先生。

「どんな舟《ふね》だったのですか？」

会場から質問《しつもん》が飛《と》んだ。

「もっとも難《むずか》しい問題です。当時の舟《ふね》が遺跡《いせき》から見つかっていないからです。現在《げんざい》、4万年前の航海《こうかい》プロジェクトを立ち上げ、草舟《くさぶね》、竹の筏《いかだ》、丸木舟《まるきぶね》など、さまざまな舟《ふね》を造《つく》って航海実験《こうかいじっけん》をし、検証中《けんしょうちゅう》です」

ボクの脳裏《のうり》には、あの時の舟《ふね》の姿《すがた》と苦難《くなん》の航海《こうかい》がありありと浮《う》かんできた。

「なんでそれが4万年前ってわかるんですか？」

誰《だれ》かが別《べつ》の質問《しつもん》。

「放射性炭素年代《ほうしゃせいたんそねんだい》です。遺跡《いせき》の示《しめ》すもっとも古い年代がおよそ4万年と出されているのです。この東都大《とうとだい》にも加速器質量分析計《かそくきしつりょうぶんせきけい》という最新《さいしん》の放射性炭素年代測定《ほうしゃせいたんそねんだいそくてい》装置《そうち》があります。総合研究博物館《そうごうけんきゅうはくぶつかん》にあってどなたでも見学可能《かのう》です。ぜひご覧《らん》になってお帰りください」

ボクは講演《こうえん》が終わってから、ショウコ姉さんに案内《あんない》されて総合研究博物館《そうごうけんきゅうはくぶつかん》を訪《たず》ねた。

展示《てんじ》をかねたラボには、かっこいいシルバーの大型年代測定機器《おおがたねんだいそくていきき》が設置《せっち》されていた。時を測《はか》る最新《さいしん》のマシンだ。

少し前、ホリさんが話してくれた水月湖《すいげつこ》の年縞《ねんこう》と、放射性炭素年代《ほうしゃせいたんそねんだい》の年代較正《ねんだいこうせい》のことを思い出し、正確《せいかく》な時を測《はか》るための仕事がさまざまな場所で進行していることを知った。

第5章

赤い魚《ラッシ》

——5000年前

炎《ほのお》のまつり

中央広場では、キャンプファイヤーのような大きな火が焚《た》かれ始めた。

この時ばかりは正々堂々《せいせいどうどう》と女の子と手を組んでオクラホマ・ミキサーを踊《おど》りたいところだが、ここは中学校の文化祭ではなかった。ムラのまつりだ！

ボクは、スマホで5000年前をタップ、うちらサイドでいう縄文時代の真ん中頃《ごろ》の世界にやってきた。ホリさんのゲンバで顔面把手《がんめんとって》を掘《ほ》り出し、どうしてもこの頃《ころ》のことをのぞきたくなった。3度目のタイムトラベルなので、少し慣《な》れたといえば、慣《な》れてきたのかもしれない。

とりあえず木の陰《かげ》に隠《かく》れて、まつりの様子をうかがった。

まつりの中央では、皮を張《は》ったウチワみたいな楽器《がっき》を持つ女性。頭には鹿《しか》の角《つの》のかぶりもの。トランス状態っていうんだろうか、あっちの世界に行ったような

第5章
赤い魚――5000年前

目をして何か唱《とな》え続《つづ》けている。

皮を張った土器《どき》の太鼓《たいこ》を、手のひらで絶妙《ぜつみょう》に強弱を変え、小気味《こぎみ》よく叩《たた》く男性パーカッショニスト。太鼓《たいこ》の正面には目のつり上がった大きな顔がついている。

「タ・タ・タン・タン・タタ」なのか、「ト・ト・トン・トン・トト」なのだろうか（まあ、どうでもいいか）、軽快《けいかい》なリズムがまつりの輪《わ》の中に響《ひび》く。

鳥の文様《もんよう》をあしらった土笛《つちぶえ》を吹《ふ》く女性。音を微妙《びみょう》にコントロールしながら、「ピーヒョロ」トンビの鳴き声のような不思議《ふしぎ》な音色を奏《かな》でている。

火のまわりでは、男も女も踊《おど》り狂《くる》っている。

拳《こぶし》を天に突《つ》き出《だ》し、叫《さけ》びながらステップを踏《ふ》む若者《わかもの》。

腰《こし》をくねらせながら踊《おど》り、呪文《じゅもん》のような言葉をつぶやく女性。

フラフラになって火に倒《たお》れ込《こ》みそうな、危《あぶ》なっかしい白髪《はくはつ》の男性。

そういえばさっき、アヤシイ液体《えきたい》が木の器《うつわ》に注がれ、大人《おとな》だけに配《くば》られていた。

子どもたちに配《くば》られたのは、ハンバーグみたいに見える食べ物だった。

炎《ほのお》から遠く、丸太《まるた》のイスに腰掛《こしか》け、ずっと話し込《こ》んでいた高校生くらいのカップルが、そっと森の奥《おく》のほうに消えていった。

そのあとボクは、前に行った1万年前の世界とおんなじように、おまえは誰《だれ》

だ！　とムラ人に尋《たず》ねられ、何度も説明《せつめい》した末《すえ》、怪《あや》しい目で見られつつもなんとかこの場所にいられるようになった。細かな説明《せつめい》は省《はぶ》く。とにかくそういうことなのだ。

この世界は、ボクのような異邦人《いほうじん》を極端《きょくたん》に排除《はいじょ》せず、アブナくないとわかれば受け入れる、そんな心の広い社会であることがわかった。

火を囲《かこ》む

ボクのホストファミリーは、ラッシ一家。とてもあったかいフレンドリーな家族だ。

こう書くとなんだかカナダにホームステイしているみたいだが、家長《かちょう》のラッシはれっきとした石器《せっき》時代人、ここはカナダではなく5000年前の日本列島だ。

ラッシという名は赤い魚という意味らしい。

彼《かれ》らのはるか祖先《そせん》は、かつては足のある魚《リベルシ》で、水の中も丘《おか》の上も自由に行き来できたという言い伝えがある。

赤い魚《ラッシ》の奥《おく》さんは青い葉という名のマキ（推定30代）。子どもは、長男アリシ（光る魚という名、小学校5、6年くらいか）、次男ケイシ（跳《は》ねる魚、小学校3、4年くらいか）、三男コミシ（小さな魚、小学校1、2年くらいか）、唯一の女の子マミ（青い木、未就学児《みしゅうがくじ》……とは言わんでしょう⁇）の4人きょうだい。おじいちゃんは2年前に他界し、笑《わら》うと歯のないおばあちゃんのシズさん（白い花という名）が一緒《いっしょ》に暮《く》らしていた。

ボクは、国分寺《こくぶんじ》市《し》の縄文《じょうもん》中期の竪穴住居《たてあなじゅうきょ》を発掘《はっくつ》してから、住居《じゅうきょ》にどんな屋根が葺《ふ》かれていたのかをぜひこの目で確《たし》かめたかったのだが、遺跡《いせき》公園でよく見かける復元《ふくげん》パターンとはまったく違《ちが》うことに驚《おどろ》いた。

家の屋根は、遺跡《いせき》公園のようにカヤで整然《せいぜん》と葺《ふ》かれているわけではなく、土で覆《おお》われていて背が低《ひく》く、土《ど》まんじゅうのように見えた。土屋根《つちやね》のところどころには、何かさびしげに草も生《は》えていた。

住居《じゅうきょ》内側から見ると、土がこぼれないよう屋根を樹《き》の皮で覆《おお》ってから土を張《は》っていることがわかった。天井《てんじょう》は、煙抜《けむりぬ》けなのか、明かり取りなのか、穴《あな》が開き、ひんやりと心地いい。

赤い魚《ラッシ》一家は、夜は住居《じゅうきょ》の真ん中にあるイロリを囲《かこ》み、必《かなら》ず一家そろって夕食をとった。お父さんが残業《ざんぎょう》で遅《おそ》くなるということは、やっぱりないらしい。

イロリの真ん中には、デンと大きな土器《どき》。グツグツと煮《に》えるスープ。毎日が鍋《なべ》パーティーだ。

鍋奉行《なべぶぎょう》は母の青い葉《マキ》さん。

ゆらぐ炎《ほのお》が家族一人ひとりの顔を照《て》らし出す。もちろんテレビなんかなく、大《おお》相撲《ずもう》中継《ちゅうけい》が室内に流れているわけではない。

音といえば家族の声だけだ。

「よっしゃー!」

次男の跳ねる魚《ケイシ》がガッツポーズ。母がよそったスープの中にひときわ大きな肉のかたまりが入っていた。

「もうそろそろサケの鍋《なべ》が食べられるね」と光る魚《アリシ》。

「ああ、産卵《さんらん》に上ってくる頃《ころ》だな。そろそろ漁《りょう》の準備《じゅんび》にかからんと」と父さん。

会話がしだいにはずんでいく。

「ねえ、ハヤトはなぜここに来たの?」といきなり三男の小さな魚《コミシ》。

「う、う〜ん」

そう言ったままボクは詰《つ》まってしまった。どうせ未来《みらい》から来たと言っても信《しん》じてもらえないだろう。

「人にはね。話せない事情《じじょう》だってあるのよ」

ボクの目をチラリと見て母、青い葉《マキ》さんが助け舟《ぶね》を出してくれた(大人《おとな》だねぇ

〜)。ボクは頭をポリポリ掻《か》いて、あいまいに笑《わら》っているだけだった。

パチパチと火のはぜる音が住居内《じゅうきょない》に響《ひび》き、月明かりだけの夜が更《ふ》けていった。

秋の味覚《みかく》

山が美しく色づき始めた。

幼《おさな》いきょうだいたちに手を引かれ、ムラの裏《うら》にあるクリ林に行く。

「ハヤトも来て!」

たわわに実ったクリの実が落ち始めた。

下草《したくさ》が刈《か》られ、手入れの行《ゆ》き届《とど》いた林の中で、クリ拾《ひろ》いは子どもらの仕事だ。

きゃっきゃ言いながら落っこちたクリを棒《ぼう》でつつき、イガから茶色のクリの実を取り出している。

ピンポン玉くらいの、けっこうデカいクリもあって、あっという間にバスケットがいっぱいになった。子どもたちは拾《ひろ》うのにも飽《あ》き、クリのイガをゴルフみたいに棒《ぼう》で打ち、どれだけ飛《と》ぶのかを競《きそ》っている。

ボクがふざけて打ったクリが、ちっちゃな青い木《マミ》の腕《うで》に当たった。（マズっ！）

「ギャー」

泣《な》き出《だ》す青い木《マミ》。どんな時代でも子どもの泣《な》き声は同じだった。

クリ林に続《つづ》く森には、女たちが分《わ》け入《い》っていた。

地面を覆《おお》うしっとりとした木の葉の間からはニョキニョキとキノコ。女たちはウンコ座《ずわ》りをしながら、カゴいっぱいにキノコを取っていた。

茶色くヌメッとしてナメコみたいなヤツ、みそ汁《しる》に入れたらうまそうだ。ムラサキ色の笠《かさ》が開いたヤツも。おっと、高級食材《しょくざい》、マツタケみたいなヤツもある。いい香りだ。真っ赤なダンゴ状の笠《かさ》に白い斑点《はんてん》のキノコ。女たちは誰《だれ》も手にしない。ハハン、毒《どく》だな。

「今晩《こんばん》のキノコ汁《じる》は具だくさんよ〜」、と誰《だれ》かが言った。

ボクはぐ〜っと自分のオナカが鳴るのがわかった。

木々に絡《から》んだツルには緑のちっちゃな葉、その先についたアケビはムラサキの厚《あつ》い皮がパックリ割《わ》れて、白い実が顔をのぞかせている。口の中に入れると何とも言えない甘味《あまみ》が広がる。天然《てんねん》のデザート。ボクは黒いタネをペッペと吐《は》き出《だ》し、さっそく2個目をもぎった。

サケの遡上《そじょう》

川へと続《つづ》く細い道の両脇《りょうわき》には、背丈《せたけ》以上《いじょう》の草の壁《かべ》が続《つづ》いていた。時おりヨシの葉が腕《うで》をかすめて痛《いた》がゆい。

見上げるとどこまでも高い秋の空。

ヨシの小道をくぐっていくと、急に開けた川辺《かわべ》へと出た。水面《みなも》には、うようよとうごめく背《せ》びれが突《つ》き出ている。川を埋《う》めつくすサケの大群《たいぐん》が遡上《そじょう》してきているのだ。

「できるかぎり取るんだ！　冬を乗り切るために」

リーダーがみんなに気合いを入れる。

足の不自由な年寄《としよ》りだけをムラに残《のこ》し、大人《おとな》も子どもも総出《そうで》でこの川辺《かわべ》にやってきている。やや上流では、川を横切る石積《いしづ》みが設《もう》けられ、すでに男たちがせわしなく動いていた。

サケは、石積《いしづ》みを飛《と》び越《こ》えられず、石積《いしづ》みの続《つづ》く斜《なな》め上方の岸辺《きしべ》へと誘導《ゆうどう》される。岸辺《きしべ》で待ちかまえていた男たちは、追い込《こ》まれたサケの頭を骨製《ほねせい》のヤスで突《つ》く。さらに小さなバットみたいな棒《ぼう》で頭を叩《たた》き、息《いき》の根《ね》をとめる。棒《ぼう》の柄《え》は黒光《くろびか》りしていて、土器《どき》の文様《もんよう》と似《に》たきれいな彫刻《ちょうこく》がある。

「バシッ」

ボクも一発、サケの頭にお見舞《みま》いしてやった。けっこう痛《いた》そう。何度《なんど》かお見舞《みま》いして、ようやくサケは動《うご》かなくなった。

銀色《ぎんいろ》の腹《はら》を川原《かわら》に横たえ、ぐったりしたサケを運ぶのは子どもの仕事。自分の背丈《せたけ》くらいのサケの尾《お》を持って背中《せなか》に担《かつ》ぐチビっ子たち。青い木《マミ》も運んでいたが、途中《とちゅう》で川原石《かわらいし》につまずき、ズッコケて泣《な》き出《だ》す始末《しまつ》。だけどお手伝いなんてエライ！

川辺《かわべ》には小さな小屋がいくつか造《つく》られ、屋根から煙《けむり》が上がっている。その前では女性たちがせわしげに働いている。

サケ小屋

　小屋の前に下ろされたサケは、待《ま》ちかまえていた女たちによってさばかれる。石のナイフをサケの腹《はら》に入れると、中からは大量《たいりょう》のイクラが！　回転寿司《ずし》だったら金のお皿10枚分以上はある。「金は2枚にしといてね」という母さんの声が聞こえてきそうだ。

　そういえば最近スシ食ってねえな～。「ゴクリ」、思わずボクのノドが鳴った。「クウ～ン」ついてきたイヌがもの欲《ほ》しげに泣《な》くので、サケのはらわたが投げられる。尾《お》をふってどっと飛《と》びつくワンちゃん。

　サケの頭と尾《お》は石斧《いしおの》で「ビシッ」とちょん切られ、串刺《くしざ》しにして火であぶられる。

　皮がていねいにはがされ、背骨《せぼね》や内臓《ないぞう》が取られたサケの身を、女たちは小屋前の物干《ものほ》し竿《ざお》に、タオルみたいに次々に掛《か》けてゆく。一方で、土器《どき》でゆでられたサケは、サーモンピンクの肌《はだ》を光らせている。

おばさんが黒曜石《こくようせき》でスライスした刺身《さしみ》を手づかみでボクにくれた。

「うま～っ」、醤油《しょうゆ》があれば、もっとよかったケド。

小屋の中には煙《けむり》が満《み》ち、燻製《くんせい》作りが始まっている。干《ほ》しザケや燻製《くんせい》は冬を越《こ》すための重要《じゅうよう》な保存食糧《ほぞんしょくりょう》らしい。

石のナイフで皮の裏側《うらがわ》からていねいに魚の脂肪《しぼう》をこそげ落とす女性。魚の皮はいろいろなモノの素材《そざい》となる。ワニ皮のハンドバッグではないが、そういえばみんなが持っていた小物入れの他、長靴《ながぐつ》やカッパなどがサケ皮でできていた。サケ皮ってどうやら防水性《ぼうすいせい》もあるらしい。

鹿笛猟《しかぶえりょう》

「フィーヨー」

赤や黄、色づいた野山に響《ひび》き渡《わた》る声。雄《お》ジカが「ここにいるぞ」といわんばかりに鳴いている。

手のひらにおさまるくらいの、ちり取りみたいなかっこうをした笛《ふえ》を、シカの鳴き声に似《に》せて赤い魚《ラッシ》は器用《きよう》に吹《ふ》く。

その音色《ねいろ》に反応《はんのう》して、いきなり3段の立派《りっぱ》な角《つの》を持つ雄《お》ジカが、すごい勢《いきお》いでこちらに突《つ》っ込《こ》んできた。

「コワ～」

オレのナワバリで何してるんだ、というような威嚇《いかく》らしい。

シュッ。茂《しげ》みに隠《かく》れていた仲間《なかま》が毒矢《どくや》を放《はな》つ。黒光《くろびか》りしたハート形《がた》の矢《や》ジリが、シカの胴体《どうたい》に突《つ》き刺《さ》さる。シカがひるんだ瞬間《しゅんかん》、すかさず矢《や》をつがえて、2発目。

「キュイーン」

「痛《いた》いよ～」みたいな？　声をあげて、シカが逃《に》げてゆく。追《お》うシカない！

シカのひづめの跡《あと》、そしてだらだら続《つづ》く血の跡《あと》をボクらは追跡《ついせき》。けっこうな距離《きょり》をシカは逃《に》げた。ようやく茂《しげ》みの中をよたよたと歩くシカを発見。これだったらボクも撃《う》てる。矢《や》を何発かお見舞《みま》いすると「ドタッ」と大きな体が倒《たお》れた。

すかさず赤い魚《ラッシ》が頸動脈《けいどうみゃく》にナイフを入れる。血がどっと抜《ぬ》けた。

茶色のつややかな毛並《けな》みの体を仰向《あおむ》けにすると、腹《はら》は白い毛並《けな》み。おしりの穴《あな》からナイフを入れ、首に向かって「ツツー」と切ってゆく。

中に手を突《つ》っ込《こ》んで、フーセンみたいな内臓《ないぞう》をドバッと取り出した。

いらない内臓《ないぞう》はその場に捨《す》て、足を折りたたんで棒《ぼう》にくくりつける。ボクは後ろ側の片棒《かたぼう》を担《かつ》ぐことに。

立派《りっぱ》な角《つの》を持つシカの体はやけに重く、肩《かた》に棒《ぼう》が食《く》い込《こ》んでヒリヒリ痛《いた》く、ムラまでの道のりが気が遠くなるほどだった。

担《かつ》ぎ手《て》は途中《とちゅう》で何度か交替《こうたい》。やっとムラに到着《とうちゃく》。大きな戦利品《せんりひん》を持ち帰ったボクたちの凱旋《がいせん》パレードを、ムラのみんなは拍手《はくしゅ》で出迎《でむか》えてくれた。

土器《どき》作り

1か月くらい前のことだろうか、女たちが隊列《たいれつ》を組んで丘《おか》の向こうまで出かけることがあった。土器《どき》作りに必要《ひつよう》な粘土《ねんど》を採掘《さいくつ》するためである。先が尖《とが》った掘《ほ》り棒《ぼう》を肩《かた》にかけ、皮の風呂敷《ふろしき》を持っていそいそと歩く。

「土器《どき》作りに男はかかわってはならない」、そんなタブーがあるのだと聞いた。昔ある青年がその禁《きん》を犯《おか》し、「自分が作ればもっと長持《ながも》ちする」と土器《どき》作りに手を出した。その後、その青年の家族では、誰《だれ》が何度作っても必《かなら》ず途中《とちゅう》で土器《どき》がヒビ割《わ》れ、完成《かんせい》することはなかった。とうとうその家族は温《あたた》かい食べ物を口にできず、全員が餓死《がし》した。男の穢《けが》れが、土器《どき》に宿《やど》る女神《めがみ》を怒《おこ》らせたのだ。

それ以来《いらい》、男たちは決《けっ》して土器《どき》作りに手を出すことはなくなったという。

マジかよ～。オレ、ショウコ姉さんにつれられて、横浜《よこはま》で土器《どき》作りしちまったじゃねえかよ。土器《どき》の神サマに祟《たた》られるかな〜。土器《どき》のように壊《こわ》れやすいハートを持つボクが、内心ドキドキしたのはいうまでもない(笑)。

革《かわ》なめしもそうだが、ムラには男が手を出せない仕事がいくつかあった。逆《ぎゃく》に木工は女が手を出せない仕事だった。

女たちが掘《ほ》り棒《ぼう》で大量《たいりょう》に掘《ほ》り出した土器《どき》用の茶色の粘土《ねんど》は、木の枝《えだ》やツルを簡《かん》単《たん》に組み、皮風呂敷《かわぶろしき》を敷《し》いたソリにのせられ、ムラへと続《つづ》く小径《こみち》をズルズルと引《ひ》っ張《ぱ》られた。二人がかりでひとつのソリを引《ひ》っ張《ぱ》る。粘土《ねんど》は相当重そうだったが、力のある男もこればかりは手出しできない。

ムラに戻《もど》ると、女たちは粘土《ねんど》に水を加《くわ》えてほどよい柔《やわ》らかさになるまで何度も何度も足で踏《ふ》み、練《ね》った。そして、庭になっているマメを大量《たいりょう》に練《ね》り込《こ》んだ。

「たくさんのマメを土器《どき》の女神《めがみ》シラに食べさせ、この器《うつわ》でいつも欠《か》かすことなく煮炊《にた》きできるようにと、祈《いの》るまじないなの」

マメを練《ね》り込《こ》む意味を青い葉《マキ》さんが明かしてくれた。

渋谷で見た土器《どき》に残《のこ》された圧痕《あっこん》の謎《なぞ》が解《と》けた瞬間《しゅんかん》だった!

今度は粘土《ねんど》を手でしごいて、ヘビのような粘土《ねんど》のヒモを作り、輪《わ》にして積《つ》み上げる。ていねいに表面をなで、一族のシンボルである足のある魚《リベルシ》をかたどった模《も》様《よう》をつけ、土器《どき》が完成した。

それからしばらく時間がすぎた。半月ぐらいは乾燥《かんそう》となっただろうか。いよいよ今日は土器《どき》を焼《や》き上げる日だ。

燃《も》え盛《さか》る炎《ほのお》の周囲《しゅうい》に土器《どき》がいくつも置《お》かれ、遠火《とおび》で静《しず》かに焼《や》かれる。慣《な》らしが終わると、しだいに炎《ほのお》が狭《せば》められ、中心部に土器《どき》が居座《いすわ》るような格好《かっこう》になり、一気に焼《や》き上げられる。中にははじけて割《わ》れてしまうものもあった。

やがて熱《ねつ》が冷《さ》めると、焼《や》き上がった土器《どき》がズラリと並《なら》べられた。

そのうちの土器《どき》のひとつが石で囲《かこ》った屋外《おくがい》の炉《ろ》にかけられ、湯がわかされた。髪《かみ》の毛を羽根《はね》で飾《かざ》り、木彫《きぼ》りの仮面《かめん》をつけた老婆《ろうば》が土器《どき》の前で狂《くる》おしく祈禱《きとう》を始めた。うなるような声とともに、泡立《あわだ》つ煮《に》え湯《ゆ》が木の枝《えだ》で左右にはらわれる。

「彼女《かのじょ》は祈禱師《きとうし》の祈る眼《キシ》。女神《めがみ》シラを降《お》ろし、土器《どき》に生命を吹《ふ》き込《こ》んでいる」

青い葉《マキ》さんがつぶやくように言った。

祈る眼《キシ》はカミと交信《こうしん》ができるムラ唯一《ゆいいつ》の人物らしい。

別離《べつり》

日暮《ひぐ》れが少し早くなってきて、虫の声があちこちでにぎやかになった。短い夏が過ぎ、秋が来ているのかもしれない。

夜風がひんやりと頬《ほお》をなでる頃《ころ》、跳ねる魚《ケイシ》が、妙《みょう》なセキをするようになった。セキは寝静《ねしず》まった夜のムラに苦しそうに響《ひび》いた。

光る魚《アリシ》は昼間、テントで横になった弟の背中《せなか》をときどきさすっていた。

早く病院につれて行けばいいのに。でもここには病院なんかない。ドラッグストアすらないんだ。

丸い石ですり潰《つぶ》したクリーム状《じょう》の草が、跳ねる魚《ケイシ》のノドに塗《ぬ》られた。祈る眼《キシ》がやってきて、火を焚《た》き、何か呪文《じゅもん》をとなえ始めた。でもセキは止まらない。

もうボクのポケットに、のどアメは残《のこ》っていなかった。

しばらくして跳ねる魚《ケイシ》のセキが止まった。

それで安心するどころか、跳ねる魚《ケイシ》の顔はスーッと白くなった。そして閉《と》じた瞳《ひとみ》はけして開くことはなかった。

最初《さいしょ》は何が起きたのか、ボクには実感できなかった。

でも、目を閉《と》じた跳ねる魚《ケイシ》の顔を見て、やりきれない現実《げんじつ》と直面《ちょくめん》せざるを得《え》なかった。

目の前で小さな命が消えていく。

長野のいなかにいるおじいちゃん、おばあちゃんだって、まだまだ元気で農業をやっている。

「どうして……」

彼《かれ》の人生には、まだまだいっぱい楽しいことが待っているのに。

見渡《みわた》すかぎりの森、ボクはこの何もない世界をとても憎《にく》らしく思った。

跳ねる魚《ケイシ》はけっこう人なつっこい子で、いっしょにかけっこをしたり石投《いしな》げをしたり、木登《きのぼ》りをして下《お》りられなくてボクに助けを求《もと》めたこともあった。

やがてキャンプの横に穴《あな》が掘《ほ》られ、跳ねる魚《ケイシ》の小さな体が横たえられた。

穴《あな》の中で彼《かれ》は動き回ることすらできず、とても窮屈《きゅうくつ》そうに見えた。

光る魚《アリシ》は何も言わず、小さな弟の手に、黒い石の矢じりを持たせた。

祈る眼《キシ》が最初《さいしょ》に、跳ねる魚《ケイシ》の体に真っ赤な土をかけ、何かをつぶやいた。そして父さんの赤い魚《ラッシ》、光る魚《アリシ》、小さな魚《コミシ》と土をかけ、ボクもそれにしたがった。まだ幼《おさな》い青い木《マミ》も母の青い葉《マキ》とともにまねごとのように土をかけた。

涙《なみだ》がとめどなくあふれてきて、ボクはずっとうつむいたままだった。

二人の兄弟も唇《くちびる》を嚙《か》みしめていた。

幼《おさな》い妹の青い木《マミ》は、死ということが理解《りかい》できないようだった。無邪気《むじゃき》に彼女《かのじょ》が聞く。

「ねえ、もうお兄ちゃんは起きないの?」

だれもが答えずに押《お》し黙《だま》ったままだ。

その時祈る眼《キシ》がかれた声でこう言った。

「おまえの兄さんの身体《からだ》は土の中に帰っていった。おまえが兄さんの姿《すがた》を目にすることは、さみしいが二度とないのだよ」

青い木《マミ》の目から涙《なみだ》があふれ始めた。

「でも、おまえの心の中から兄さんの思い出が消えないかぎり、その魂《たましい》はおまえとともにいつもある。だから兄さんのことを忘《わす》れず、ずっと思うのだ」

幼《おさな》い青い木《マミ》にも意味がわかったのか、こくりとうなずくと、その小さな瞳《ひとみ》をぬぐった。

ボクも自然《しぜん》と目を閉《と》じ、楽しかった彼《かれ》との日々を記憶《きおく》の中にたどっていた。すると不思議《ふしぎ》なことに、なぜか少しだけ穏《おだ》やかな気持ちになれた。……もちろん深《ふか》い悲《かな》しみはすぐには癒《い》えないまでも。

実際《じっさい》、彼《かれ》はボクの心の中で生きていて、たくさんのことを語りかけてくれたから。

第6章 栃《とち》原《ばら》岩《いわ》陰《かげ》

——現代

帰省《きせい》

毎年8月のお盆《ぼん》には、母さんの実家のある長野のいなかに帰るのがお約束《やくそく》。おじいちゃんとおばあちゃんが畑で取れた新鮮《しんせん》な果物《くだもの》や野菜《やさい》を用意して待っててくれる。

東京を出た北陸新幹線《ほくりくしんかんせん》は、碓氷峠《うすいとうげ》の長いトンネルを抜《ぬ》けると、長野の軽井沢《かるいざわ》へと顔を出す。軽井沢駅《かるいざわえき》で降《お》り、ごった返した避暑客《ひしょきゃく》をかき分け、しなの鉄道に乗り込《こ》む。

車窓《しゃそう》からはデン、と活火山浅間山《かっかざんあさまやま》が見える。3駅目の御代田駅《みよたえき》におじいちゃんの家がある。

駅を降《お》りると高原の空気がひんやりとしていて気持ちいい。

東京みやげの大きな紙袋《かみぶくろ》を抱《かか》えて、ボクは母さんとタクシーに乗り込《こ》んだ。

第6章
栃原岩陰――現代

「ただいまぁ！」

ガラガラッ！　格子戸《こうしど》を開ける。

「おお、ハヤトか！　ち〜っと会わんうちにたくましくなったなぁ」

おじいちゃんもおばあちゃんも変《か》わりない。元気そうだったんで、ホッとした。

ボクは、まずは仏壇《ぶつだん》にお線香《せんこう》をあげたあと、出された冷《つめ》たい麦茶をいっきに飲みほした。

御代田《みよた》には、五街道《ごかいどう》のうち中山道《なかせんどう》が通っていて、小田井宿《おたいじゅく》という宿場《しゅくば》がある。その宿場《しゅくば》の一角《いっかく》にあるのがおじいちゃんの家だ。

江戸《えど》時代には旅籠《はたご》だったという古い家で、いくつも広い座敷《ざしき》があり、どの部屋も天井《てんじょう》が高くて、真っ黒にすすけた太い柱《はしら》が立っている。ネズミがチョロチョロ柱《はしら》をつたっていく時がある。

ゴロリ。広い座敷《ざしき》の畳《たたみ》の上に横になると、おばあちゃんがウチワでそっと風を送ってくれた。

「取れたてだぞ」

おじいちゃんが、畑のトウモロコシをゆでて持ってきてくれた。

ボクは歯を立ててかじりつく。口の中にじゅわ〜っと、甘《あま》〜いトウモロコシの味が広がる。

「ちり〜ん」

風鈴《ふうりん》の音が涼《すず》やかに鳴った。

夜は恒例《こうれい》、おばあちゃんの手打ちソバ。ほんとはボクはラーメンが好きなんだけど、なぜかこのソバをすすらないと長野の夏は始まらない。乱切《らんぎ》りで太さにバラツキがあるのがおばあちゃんのソバの特徴《とくちょう》だ。

「ハヤト、花火買っといたから」

おばあちゃんが渡《わた》してくれたのはお子ちゃま用の花火パック。もう子どもじゃないのに。

「ハヤト、やろ、やろ！」

むしろ母さんのほうがノリノリだ。

裏庭《うらにわ》にのぞむ縁側《えんがわ》にすわり、端《はし》っこをつまんで、ローソクで火をつける。

「パチ、パチ、パチ」

青白い火花が夏の夕暮《ゆうぐ》れを照《て》らす。

夏の花火、なんだかいつもちょっぴりさみしい気もする。

第6章
栃原岩陰——現代

ときドキ土器《どき》

8月のど真ん中なのに、長野の朝はひんやりして気持ちいい。空気がキリッと澄《す》んでいる。

ボクが歯を磨《みが》いていると、バリバリと軽トラのエンジン音。おじいちゃんはすでにモモ畑に行ってしまった。

おばあちゃんの作ってくれるみそ汁《しる》は、ごろごろと野菜《やさい》たっぷり。漬《つ》け物《もの》といっしょだと軽くご飯《はん》3杯はいける。朝から食欲《しょくよく》全開《ぜんかい》だ。

軽く夏休みの宿題をやったあと、おばあちゃんのママチャリ（ババチャリと言うべきか）を借《か》りて、モモ畑に行ってみる。モモの収穫《しゅうかく》を手伝うことにして、お小遣《こづか》いにありつくためだ。相変《あいか》わらずボクもセコい。

畑では、おじいちゃんが脚立《きゃたつ》に上《のぼ》り、モモを摘《つ》んでいた。カゴいっぱいにピンクのモモ、遠くから甘《あま》い香《かお》りがただよってくる。

「1個食うかぁ」

渡《わた》されたモモをズボンでゴシゴシ、ウブ毛をとったあと、皮をむかずに「ガブッ」。モモにかじりついた。

取ったばかりのモモは、シャキッとナシみたいに硬《かた》い。いつも食べているトロリと柔《やわ》らかいモモとは違《ちが》った食感《しょっかん》なんだけど、これがまた絶妙《ぜつみょう》にウマい。

腰《こし》が痛《いた》そうなおじいちゃんに代《か》わり、ボクが脚立《きゃたつ》に上《のぼ》る。

モモは、そっと手のひらで持ち、右に軽くひねるだけで簡単《かんたん》に取れた。

脚立《きゃたつ》の下からおじいちゃんが、

「ハヤト、土器《どき》に興味《きょうみ》があんだって」

「うん」

「この畑の上、見てみな。ときどき土器《どき》落っこちてっから」

ときどき土器《どき》といったおじいちゃんの言葉が、シャレなのかどうかは不明。

ボクはモモをカゴいっぱい取ってから、地面を這《は》いつくばるようにして見てみる。

「あったぁ〜!」

確《たし》かに土器《どき》だ。褐色《かっしょく》でザラザラした表面の上に、コメ粒《つぶ》みたいな模様《もよう》が無数《むすう》に並《なら》んでいる。たぶん縄《なわ》の文様《もんよう》だ。縄文土器《じょうもんどき》かなぁ？

「土器《どき》みてえなの、あったかい？」

「うん」

「御代田駅《みよたえき》の北にある浅間縄文《あさまじょうもん》ミュージアムで鑑定《かんてい》してもらうといいぞ。筒井一《つついかず》隆《たか》っちゅう、考古学の先生がいっから」とおじいちゃん。

翌日《よくじつ》ボクは、土器《どき》を持ってミュージアムに筒井《つつい》さんを訪《たず》ねることにした。

浅間縄文《あさまじょうもん》ミュージアム

「あー、こりゃ縄文《じょうもん》前期だわなー。たぶん関山式《せきやましき》。ほら、この断面《だんめん》、黒っぽいだろ。これ繊維土器《せんいどき》っていって、粘土《ねんど》に植物を混《ま》ぜ込《こ》んで作った土器《どき》なんだ。だから焼《や》く時に断面《だんめん》が焦《こ》げて黒くなる」

ミュージアムを訪《たず》ねると、単刀直入《たんとうちょくにゅう》、いきなり土器鑑定《どきかんてい》。

「ああ、あいさつ忘《わす》れてた！　はじめまして筒井一隆《つついかずたか》です」

「よろしくお願《ねが》いしま～す。加藤隼人《かとうはやと》です」

ときどき言うオヤジギャグがスベるツツイさんだったが、土器《どき》を見る目は真剣《しんけん》そのものだった。

ツツイさんは、まず常設展《じょうせつてん》を案内《あんない》してくれた。

いちばん奥《おく》の特別展示室《とくべつてんじしつ》では、国《くに》の重要文化財《じゅうようぶんかざい》となっている縄文《じょうもん》中期の土器《どき》、〃焼町土器《やけまちどき》〃がズラリと展示《てんじ》されていた。出土《しゅつど》したのは博物館《はくぶつかん》の北1キロにある川原田遺跡《かわらだいせき》だった。

「ほら、このタコの吸盤《きゅうばん》みたいな文様《もんよう》や曲線《きょくせん》で土器《どき》を派手《はで》に飾《かざ》るのが焼町《やけまち》の特《とく》徴《ちょう》」

「ふ～ん」

確《たし》かにタコの吸盤《きゅうばん》みたいな模様《もよう》がいっぱいついてる。

「これは1990年に浅間山麓《あさまさんろく》から発掘《はっくつ》したんだけど……『ドーナツが出た！』って、最初に発掘《はっくつ》作業員さんが叫《さけ》んだんだ。行って見ると確《たし》かにドーナツっちゅうか、まあタコの吸盤《きゅうばん》っちゅうか、奇妙《きみょう》なカケラが続々《ぞくぞく》と出てきた。

焼町土器《やけまちどき》はそれまであまり見つかっていなかった形の謎《なぞ》の土器《どき》だったから、興奮《こうふん》したな。

この時代、新潟《にいがた》には火焔型土器《かえんがたどき》、関東には勝坂式土器《かつさかしきどき》があって、挟《はさ》まれるようにして長野に焼町土器《やけまちどき》を持つ文化が花開いたんだ」

確《たし》かに、都《と》マイブンの現場《げんば》で見つけた顔面把手《がんめんとって》は、そういえば勝坂式《かつさかしき》だった。

「あのー、ひとつ質問《しつもん》していいですか?」

「ああ、チョー難問《なんもん》はダメよ」

「このタコの吸盤《きゅうばん》みたいな模様《もよう》、何を意味してるんですか?」

「なんだ、いきなり難問《なんもん》かよ!」

苦笑《にがわら》いするツツイさん。

「う~ん、そうだな。たとえばキミの学校の校章《こうしょう》ってどんなマーク?」

「えっ? サクラの大木が校門にあるので、サクラの花をかたどった模様《もよう》ですけど」

「縄文土器《じょうもんどき》の特徴的《とくちょうてき》な文様《もんよう》も、校章《こうしょう》みたいに集団《しゅうだん》のシンボルマークだった可能性がある。それから土器《どき》というキャンバスに、縄文人《じょうもんじん》が一族の物語を刻《きざ》んだという見方もある。これは、とっても難《むずか》しい問題なんだ。あとはハヤトくんが考古学者になって、この謎《なぞ》に挑《いど》んでもらうしかないわな～」
そら、なるしかないっしょ！
決意を新たにするボクなのであった。

火おこし

ツツイさんは続《つづ》いて博物館《はくぶつかん》の収蔵庫《しゅうぞうこ》に案内《あんない》してくれた。
ひんやりとした収蔵庫《しゅうぞうこ》の棚《たな》にはズラリと土器《どき》が。
「これはねぇ、私《わたし》がこの30年間で発掘《はっくつ》してきた土器《どき》なんだ」
どんだけぇ！
土器《どき》に混《ま》じって、うす気味悪いけど頭蓋骨《ずがいこつ》もあった。
ツツイさんは棚《たな》の一角《いっかく》にある縄文土器《じょうもんどき》、関山式《せきやましき》を見せてくれた。
ほんとだ！　その土器《どき》はボクの拾ったカケラとおんなじような細かい縄《なわ》の模様《もよう》

があり、厚《あつ》さもいっしょだった。

「ねえ、ついでに縄文体験《じょうもんたいけん》もしてく？」

「何スカ、それ～？」

「火おこし、弓矢、縄文土器《じょうもんどき》作り、土偶《どぐう》作りなどなど」

「あ、じゃあ火おこし体験《たいけん》やらせてもらいます」

ツツイさんはボクを体験《たいけん》ヤードに案内し、マイギリというハンドルのついた大きなコマのような発火具《はっかぐ》と受け木、そして木くずのセットを貸《か》してくれた。

「あ、マイギリのような道具《どうぐ》は縄文《じょうもん》時代にはないで～す。1cmくらいの太さの棒《ぼう》ないですか？　……えっ！　何か差《さ》し支《つか》えでも⁉」

「……こんなんでよければあるけど」

と言って弓矢の矢として使う細長《ほそなが》い棒《ぼう》を渡《わた》してくれた。

ボクはその棒《ぼう》をくぼみのある受け木にあてると、シュルシュルと40秒ほど手で揉《も》んだ。

受け木から黒い粉《こな》がこぼれ落ち、白い煙《けむり》が立つと、やがて真っ赤な火種《ひだね》ができた。火種《ひだね》を木くずに移《うつ》し、ふうふう息をかけるとメラメラと炎《ほのお》が！

「マ、マジか！」

ツツイさんはとても驚《おどろ》いた顔になった。

「キ、キミ。もしかして原始時代《げんしじだい》からの使者《ししゃ》⁉」

ボクが本当に原始《げんし》時代に行き、何度も何度も練習して、ようやく火おこしができるようになったと言っても、たぶん信《しん》じてもらえないだろう。

その後……駅前の100円ショップにボクは寄《よ》った。ツツイさんのアドバイスでプラスチック容器《ようき》を買うためだ。おじいちゃん家《ち》に帰ってから、プラスチック容器《ようき》に脱脂綿《だっしめん》を敷《し》きつめ、土器《どき》のカケラをそっと置《お》いた。

土器標本《どきひょうほん》の基本情報《きほんじょうほう》がわからなくなっては意味がないからといって、ツツイさんがラベルシールを作ってくれたので、そのシールをプラスチック容器《ようき》のフタに貼《は》ってみた。

［長野県《ながのけん》御代田町《みよたまち》野火付《のびつけ》遺跡採集《いせきさいしゅう》・縄文時代《じょうもんじだい》前期土器《ぜんきどき》］

このプラスチック容器《ようき》がボクの宝箱《たからばこ》になったのはいうまでもない。

土器片《どきへん》をコレクションしてからというもの、ボクはさらに考古学に夢中《むちゅう》になっていった。

夕飯の時、今日の鑑定結果《かんていけっか》などをみんなに話したあと、

「そうだ、おじいちゃん。ひとつお願《ねが》いがあるんだけど……」

「小遣《こづか》い足りんのか？」

やっぱりそう来たか（苦笑）。

「ううん、そうじゃなくて、北相木村《きたあいきむら》まで盆《ぼん》明けに乗っけてってほしいんだ。軽トラで」

「北相木《きたあいき》ってあの、ここから千曲川《ちくまがわ》をさかのぼった山奥《やまおく》の。ムラん中に信号《しんごう》がひとつもないので有名な、あの村かい。いったいなんでまた」

「東都大学考古学研究室《とうとだいがくこうこがくけんきゅうしつ》が、夏休み期間中に、栃原岩陰遺跡《とちばらいわかげいせき》の発掘調査《はっくつちょうさ》をしてるんだ。見てみたいんだよ。岩陰《いわかげ》を掘《ほ》ってるところを」

栃原岩陰遺跡《とちばらいわかげいせき》

おじいちゃんの軽トラは、千曲川沿《ちくまがわぞ》いの道をどんどん上流のほうへと向《む》かってゆく。やがて、大きな橋を渡《わた》り、トンネルをくぐると、山合《やまあい》の小さな村に出た。

北相木村《きたあいきむら》だ。

急な山肌《やまはだ》が両側から迫《せま》るように続《つづ》き、その合間を清《きよ》らかな渓流《けいりゅう》がさらさらと縫《ぬ》っていた。家はときどきポツンポツンとあるくらい。その清流の中ほどの岸辺《きしべ》に岩陰《いわかげ》があった。

着いた瞬間《しゅんかん》、ボクにはこの風景《ふうけい》がとても懐《なつ》かしいものに思えた。

「なぜだろう？」

まったく初《はじ》めて来た場所なのに……。

川沿《ぞ》いの栃原岩陰遺跡《とちばらいわかげいせき》では、大きなクレーン車が入り、巨大《きょだい》な岩をつり上げていた。

「よ〜し、そのまま、そのまま。空き地まで静《しず》かに移動《いどう》してね」

ヘルメットをかぶった発掘責任者《はっくつせきにんしゃ》らしき人が、クレーンに岩の置《お》き場所を指示《しじ》していた。

何人かの大学生らしい人がスコップやらホウキやらを持って忙《いそが》しそうに動き回っている。木陰《こかげ》には東都大学考古学研究室《とうとだいがくこうこがくけんきゅうしつ》と書かれたテント、そして測量機材《そくりょうきざい》。

「お〜、ハヤトくんか。久《ひさ》しぶりだな。夏休みで長野に来たってわけか」

東都大《とうとだい》の佐伯教授《さえききょうじゅ》は、ちゃんとボクのことを覚《おぼ》えていてくれた。

「ハ～ヤト」

背後《はいご》から聞き覚《おぼ》えのあるハスキーな声……やはりショウコ姉さんだった。

「また邪魔《じゃま》しに来たの？」

相変《あいか》わらず姉さんは人聞きが悪いことを言う。

もともと長野のおじいちゃんの所に来たら、この遺跡《いせき》の発掘《はっくつ》に顔を出せば、と言ってくれたのはショウコさんなんだから。

「ウィッス！」

あれ～、都《と》マイブンのホリススムさんまで。

東《とう》都《と》大学《だいがく》と都《と》マイブンとは提携関係《ていけいかんけい》にあって、石器《せっき》研究が専門《せんもん》のホリさんがこの岩陰調査《いわかげちょうさ》のバックアップに入っているんだって。

「ちょっと掘《ほ》ってくかい」

すかさず佐伯教授《さえききょうじゅ》が声をかけてくれた。

「え～っ、いいんですか」

「ほい、とりあえずこれ。安全のためかぶってな」

教授《きょうじゅ》は白いヘルメットをボクに渡《わた》してくれた。

縄《じょう》文《もん》人《じん》復《ふっ》活《かつ》！ プロジェクト

「縄文人復活《じょうもんじんふっかつ》！　プロジェクト」と銘打《めいう》たれたこの発掘調査《はっくつちょうさ》は、ショウコさんの説明《せつめい》によると、考古学のみならず、人類学《じんるいがく》・遺伝学《いでんがく》・植物学・動物学・地質学《ちしつがく》など、さまざまな分野の力《ちから》を結集《けっしゅう》して行われる総合的《そうごうてき》な学術研究《がくじゅつけんきゅう》の場だという。岩陰《いわかげ》という場所は、当時の植物や動物骨、埋葬人骨《まいそうじんこつ》など通常《つうじょう》の遺跡《いせき》では残《のこ》らないものが保存《ほぞん》されているケースが多く、歴史《れきし》のタイムカプセルということらしい。その適度《てきど》な湿気《しっけ》や残《のこ》された炉《ろ》の灰《はい》が保存《ほぞん》に一役買っているようだ。

つまり、縄文《じょうもん》の人びとの暮《く》らしを復元《ふくげん》するには、もってこいのフィールドということになる。発掘《はっくつ》には大学が夏休みの8月後半があてられ、総指揮《そうしき》は佐伯《さえき》弘《ひろし》東《とう》都《と》大学《だいがく》考古学《こうこがく》研究室《けんきゅうしつ》教授《きょうじゅ》がとっている。

「これから調査法《ちょうさほう》について説明《せつめい》します」と教授《きょうじゅ》。

「岩陰《いわかげ》は地層《ちそう》の堆積《たいせき》がとてもデリケートです。手持ちの小さなハケでなでるように1㎜ずつ地層《ちそう》をはいでいきます。形のある遺物《いぶつ》はすべて出土したその場に置《お》いておくこと。絶対《ぜったい》に取り上げないように。遺物《いぶつ》の位置情報《いちじょうほう》はすべて記録《きろく》します」

佐伯《さえき》教授《きょうじゅ》の細かい指示《しじ》があった。

今度は准教授《じゅんきょうじゅ》の石田さんから掘《ほ》った土の処理《しょり》についての説明《せつめい》。

「ハケで掃《は》いた土は、土壌回収《どじょうかいしゅう》チームが区画《くかく》ごとに集めフルイにかけます。次にその土を、水道水でていねいに洗い、0・5㎜メッシュの網《あみ》にかかった微細資料《びさいしりょう》をくまなくすくい上げます。その微細資料《びさいしりょう》から、植物チームと動物チームが交互《こうご》に顕微鏡下《けんびきょうか》で遺物選定《いぶつせんてい》を進めます」

とにかく気の遠くなるような細かい作業が予定されているということだ。

「あ〜、せっかくだからハヤトくんはショウコといっしょに発掘《はっくつ》チーム入って」

と石田さん。

「ちょうどいい助手が来た。ハヤトこれ持って」

今度は、人使いが荒《あら》い姉さんのおコトバ。

ボクはハケとミ、ポリ袋《ぶくろ》を持たされ、発掘区《はっくつく》に組まれた足場《あしば》に立った。

岩陰《いわかげ》の発掘《はっくつ》

発掘《はっくつ》チームは、渡《わた》された足場板《あしば》に這《は》いつくばるようにして、発掘《はっくつ》を進める。寝《ね》そべったままずっと同じ姿勢《しせい》なので、脳天《のうてん》に血が上《のぼ》りそうだ。しかも、地層《ちそう》をハケで数㎜ずつ慎重《しんちょう》に掃《は》き取っていくので、とても時間と根気《こんき》がいる作業だ。

また、何かが見つかるとハケはそこでストップ。写真と位置情報《いちじょうほう》、あるいは図面をとってからでないと再開《さいかい》はできない。気の遠くなるような作業が繰《く》り返《かえ》される。

「あらーっ！」

ボクのとなりで這《は》いつくばっているショウコさんが声をあげた。白っぽくて、どうやら動物の骨らしい。

「シカの下顎《したあご》だな、たぶん」と准教授《じゅんきょうじゅ》の石田さん。石田さんは動物《どうぶつ》考古学が専門《せんもん》ということだった。

「そのまま、そのまま。ゼッタイ取り上げるなよ。今記録《きろく》するから」

そう言って石田さんはカメラをかまえ、出土《しゅつど》した状態《じょうたい》を撮影《さつえい》した。

ちり取りに掃《は》き取った土はフルイに回された。さらに水洗《みずあら》いし、どんな微細《びさい》な出土品《しゅつどひん》も見逃《みのが》さない体制《たいせい》が組まれていた。

近くの公民館《こうみんかん》には、顕微鏡《けんびきょう》チームがスタンバイ。水洗《みずあら》い後の土の中から、ごくごく微細《びさい》な種子《しゅし》などをピンセットでピックアップしている。

腰《こし》が痛《いた》くて這《は》いつくばれないというホリさんは、脇《わき》から発掘《はっくつ》の様子を見守っていた。

「光ったぞ！　黒曜石《こくようせき》だ」と考古学専攻生《せんこうせい》が声をあげる。今度は石器《せっき》が見つかる。

鑑定《かんてい》は当然《とうぜん》ホリさんに。

「親指みたいな格好《かっこう》をしてるでしょ、こりゃ搔器《そうき》だわな」

「搔器《そうき》って何ですか？」専攻生《せんこうせい》がホリさんに聞く。

でも……思わず答えてしまったのは、ボクのほうだった。

「これは革《かわ》なめし用の道具で、当時《とうじ》はウルといいました。狩《か》りで獲《と》った動物の毛皮をはいでも、そのままだと脂肪分《しぼうぶん》などがついていてスグ腐《くさ》ってしまうので……。このウルで、脂肪分《しぼうぶん》を搔《か》き落としたり、皮をよりしなやかにしたりするんです。そのなめし作業は女性の仕事で、このウルも女性専用《せんよう》の道具です」

中学生の説明《せつめい》に、専攻生《せんこうせい》は目を丸くし、口をポカンと開けたままだ。マズッ！

「ウ、ウンン」

ホリさんは妙《みょう》な咳払《せきばら》いをしたあと……

「ハヤトくん、それってオレが説明《せつめい》することなんだけどな。よく勉強してるのはわかるけど……。でも、この石器《せっき》に〝ウル〟なんて変《へん》ちくりんな名前があることをなぜ知ってるんだい？」

「……」ボクは返す言葉がなかった。

「この子には突然《とつぜん》、縄文人《じょうもんじん》が降臨《こうりん》するみたいなんだ」

ホリさんはポリポリ頭《あたま》を掻《か》きながら、冗談《じょうだん》とも本気ともつかずにこうつぶやいた。

さらに調査《ちょうさ》は続《つづ》く。

「ヤッター!」

ふたたび発掘区《はっくつく》から歓声《かんせい》。

今度は、骨製《ほねせい》の釣《つ》り針《ばり》が、ひらがなの「し」のような完全《かんぜん》な形で検出《けんしゅつ》された。

当然《とうぜん》、ボクも世紀《せいき》の大発見のチャンスをうかがった。

再会《さいかい》

どれくらい掘《ほ》っていたのだろう……。ボクのハケの先にようやく何かが見え始めた。

白いストローのような物質《ぶっしつ》だ！　細長い貝らしい。さらにそれは連続《れんぞく》して埋《う》まっていた。どうやら装飾品《そうしょくひん》のようだ。

「おお、ツノガイだな。すばらしい！」と興奮気味《こうふんぎみ》に石田さん。

「これは海産《かいさん》なんだ。つまり長野の山ん中じゃ、ゼッタイ採《と》れない。いいか、ハヤトくん。出土位置《しゅつどいち》が動かないように、細心の注意をはらって掘《ほ》ってくれ。ネックレス状《じょう》につながって出たことに意味があるから」

石田さんの眼差《まなざ》しは真剣《しんけん》そのものだった。

そのコトバにビビりながら、なでるようにそっとホウキを動かす。

今度は真珠《しんじゅ》のような光沢《こうたく》のある物質《ぶっしつ》が並《なら》んで現《あらわ》れた。

小さな歯だ！　そしてアゴの骨《ほね》。

鼻から額《ひたい》にかけて人間の頭蓋骨全体《ずがいこつぜんたい》がしだいに見えてきた。

「おおーっ！」

周囲《しゅうい》からは驚《おどろ》きの声。

次の瞬間《しゅんかん》だった。

ボクは自分の目から不意《ふい》に何かがこぼれ落ちるのを感じた。

こぼれ落ちたしずくは、頭蓋骨《ずがいこつ》の周《まわ》りの土に染《し》み込《こ》んでいく。

みんなの視線《しせん》は頭蓋骨《ずがいこつ》に集中《しゅうちゅう》し、幸いうつ伏《ぶ》せだったボクの涙《なみだ》は気づかれていないようだった。あるいは汗《あせ》とでも思えたのだろうか。

この場所に来た時、なぜ懐《なつ》かしく感じられたのか、その意味を今、ようやく理《り》解《かい》できた。

時の流れが、過去《かこ》と未来《みらい》でつながった瞬間《しゅんかん》を、ボクはしっかりと感じた。

〈フラッシュバック〉

1万年前のあの光景《こうけい》が、ありありと頭の中に浮《う》かんできたのだ。

崩落《ほうらく》する岩の音、そして地響《じひび》き、母親の絶望《ぜつぼう》、幼《おさな》い兄弟との永遠《えいえん》の別《わか》れ。

思い立つ間もなくボクのハケは、すぐさまとなりの場所を掃《は》いていた。

「あった！」

すぐに2つめの小さな頭蓋骨《ずがいこつ》が見つかった。

二人の小さな遺体《いたい》は寄《よ》り添《そ》うように埋《う》もれていた！

その瞬間《しゅんかん》、幼《おさな》い兄弟がどのような気持ちだったかを考えると、胸《むね》が締《し》めつけられるような思いだった。

あの悲惨《ひさん》な事故《じこ》で亡《な》くなった兄弟との再会《さいかい》、なんという偶然《ぐうぜん》の導《みちび》きだろう。

いや……そうではない。

幼《おさな》い二人の骨《ほね》をこの手で探《さが》し出すことこそが、1万年後のボクに課《か》せられた使命《しめい》だったのだ。

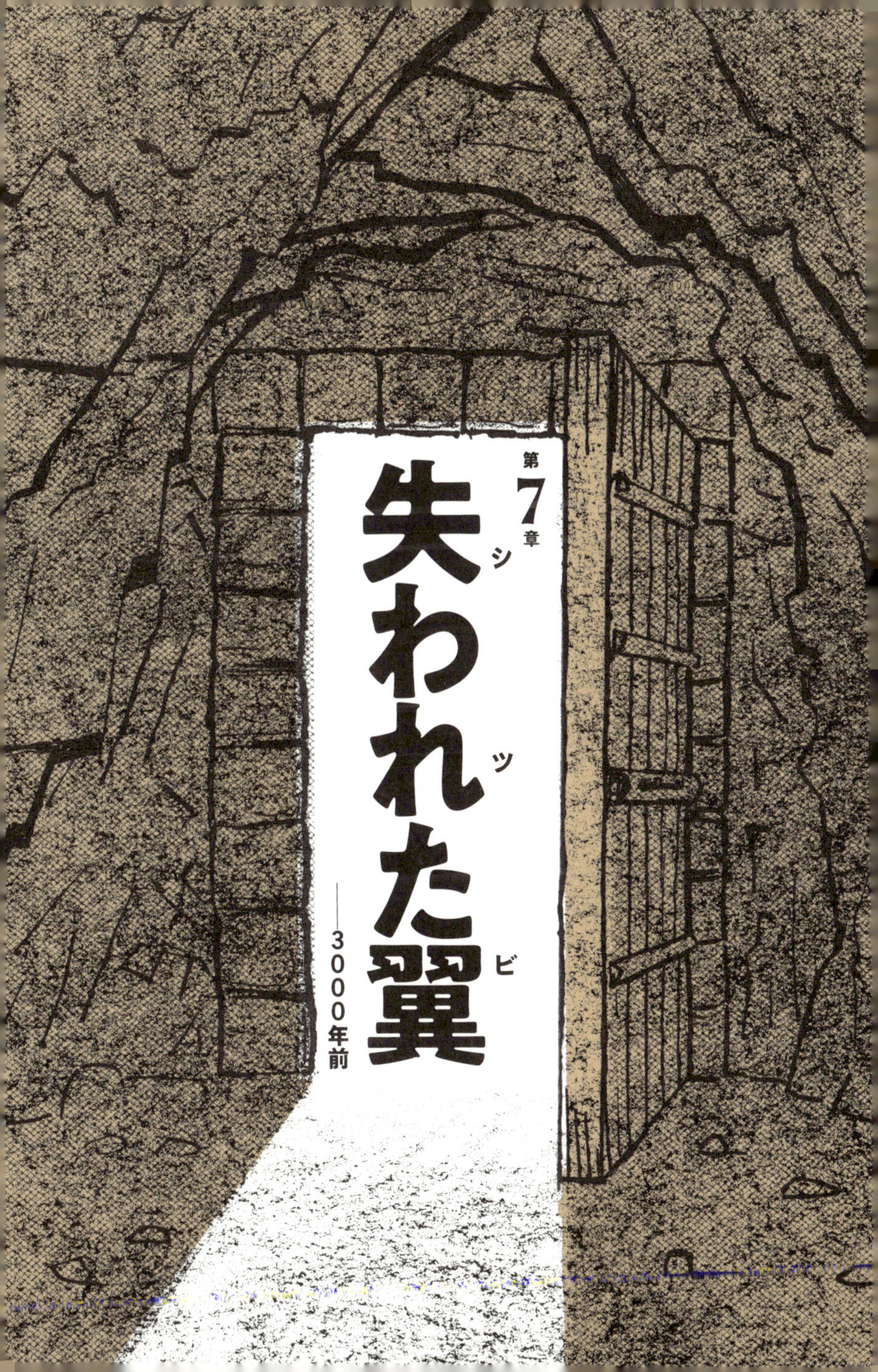

第7章 失われた翼《シツビ》

——3000年前

ピアス

ここ数日間、美しい翼《ミヤビ》の様子がおかしかった。どうやら体調《たいちょう》が優《すぐ》れないらしい。彼女《かのじょ》が歩いたあと、地面に赤いシミが点々とついていることがあった。

美しい翼《ミヤビ》が不安《ふあん》げな顔をして母親の耳元で何かささやくのを、ボクはたまたま見かけた。

母親は気遣《きづか》うどころかニヤリとして美しい翼《ミヤビ》の肩《かた》に手をかけ、「大丈夫だ」といった風に大きくうなずくと、こう言った。

「おまえもようやく子どもを産《う》める体になったんだよ。婿《むこ》が取れるしるしをおまえの体につけなければね」

その数日後、広場には何人かが集まっていて、美しい翼《ミヤビ》を取《と》り囲《かこ》んだ。

母親は、人の輪《わ》の中央に正座《せいざ》した娘《むすめ》の耳たぶを軽くつまみ、白い骨《ほね》でできた針の先端《せんたん》をふっくらとしたその肌《はだ》に突《つ》き刺《さ》そうとしている。

美しい翼《ミヤビ》は眉間《みけん》にしわを寄《よ》せ、拳《こぶし》をにぎりしめてこらえている。

「ウッ！」

娘《むすめ》の小さな唇《くちびる》からつぶやきがもれた瞬間《しゅんかん》、白い耳たぶからひとすじの血が流れ、小さな穴《あな》が開いた。柔《やわ》らかそうな葉でその血がそっと拭《ふ》き取られ、薬草が塗《ぬ》られた。

一段落《いちだんらく》してから母親は脇《わき》に置《お》いてあった小さな皮箱《かわばこ》を美しい翼《ミヤビ》に差《さ》し出した。

皮箱《かわばこ》には真っ赤な実をつけた枝があしらわれている。

「わぁ！」

箱を開けた美しい翼《ミヤビ》が、思わず声をあげた。

中には、ブレザーのボタンくらいの大きさの2個一組のプレゼントが入っていた。

「似合《にあ》うかなぁ…」

美しい翼《ミヤビ》は野バラが絡《から》み合うような見事な彫刻《ちょうこく》がある丸いアクセサリーを耳元《みみもと》にあてた。ボクは急に大人びて見えた美しい翼《ミヤビ》にドキドキした。

彫《ほ》りが深く眉《まゆ》の濃《こ》い美しい翼《ミヤビ》、大きなその瞳《ひとみ》は、いつも潤《うる》んでいるようにも見え、ときどき吸《す》い込《こ》まれそうにも思えた。

……そういえば肝心《かんじん》なことを言い忘《わす》れていた。

今回ボクが旅してきたのは3000年前の世界。美しい翼《ミャビ》とその家族が暮《く》らすムラだ。ムラの片隅《かたすみ》には豊《ゆた》かな湧《わ》き水があふれ、「水あふる谷」という名がムラにつけられていた。一族の名は〝失《シ》われた翼《ツビ》〟だった。

とても奇妙《きみょう》な格好《かっこう》のボクがなぜこのムラで受け入れられたかを説明《せつめい》するのには、長い説明が必要になる。この辺《へん》のなりゆきはご想像《そうぞう》にお任《まか》せしたい。

激痛《げきつう》を伴《ともな》う儀式《ぎしき》

美しい翼《ミャビ》が大人の仲間入りをするためには、じつはもうひとつ激《はげ》しい痛《いた》みを通《つう》過《か》しなければならなかった。健康《けんこう》な白い歯を何本か上下から抜《ぬ》き取るのである。耳たぶのキズも癒《い》えぬ間に、その儀式《ぎしき》が挙行《きょこう》された。

第7章
失われた翼——3000年前

彼女の母と村の女性二人で、正座《せいざ》した彼女《かのじょ》の脇《わき》を抱《かか》えるようにした。恐《おそ》ろしくシワだらけで白髪《はくはつ》の老婆《ろうば》がやってきた。灰色の翼《シラビ》という名の呪術師《じゅじゅつし》だ。右の手には川原石《かわらいし》、左の手には10cmくらいに切り取られたシカ角《づの》の先端《せんたん》。シカ角《つの》の先端《せんたん》が抜《ぬ》こうとする犬歯《けんし》にあてがわれると、角《つの》の反対側が川原石《かわらいし》のハンマーで強く叩《たた》かれた。

苦痛《くつう》に顔をゆがめる美しい翼《ミヤビ》。ドロッとした血液《けつえき》でいっぱいとなった口が開けられ、グラグラとした歯に糸がかけられ、老婆《ろうば》が思い切り引《ひ》き抜《ぬ》く。

真っ赤な血に染《そ》まった白い小さな歯が、地に落ちた。

2本目を抜《ぬ》くときに

はさすがに彼女《かのじょ》は失神《しっしん》していた。

歯科医などがいるわけではないので、麻酔《ますい》などもまったく打たないまま抜歯《ばっし》がなされる。

「この激痛《げきつう》に耐《た》え抜《ぬ》いてこそ一人前の大人《おとな》なのだ」

老婆《ろうば》がこうつぶやいた。

可笑《おか》しかったのは、そう言った老婆《ろうば》の口に歯が一本も残《のこ》っていないことだった。

まさか……全部が抜歯《ばっし》じゃないよな⁉

「年をとってどれだけ丈夫《じょうぶ》な歯が残《のこ》っているか？　歯の健康《けんこう》が人間の寿命《じゅみょう》を左右します。だから食べたらキチンと磨《みが》きましょうね」

こんな保健《ほけん》の授業《じゅぎょう》があった。ましてや健康《けんこう》な歯をわざわざ抜《ぬ》いてしまうなんて、ボクには信《しん》じられなかった。

石棒《せきぼう》

ある日の午後《ごご》、青い翼《セイビ》がボクの方に近づいてきて、耳打《みみう》ちした。

「おまえ、子どもがどうできるのか知《し》ってるか」

彼は真《ま》顔《がお》で聞いてきた。

一瞬《いっしゅん》ボクには意味《いみ》がつかめなかったが、少し顔《かお》が赤くなるのがわかった。

「なんでそんなこと急《きゅう》に聞くんだ。お前は知《し》ってるのか？」

ボクは聞き返《かえ》した。

「ああ。父から教《おし》えてもらったんだ。命《いのち》をつなぐとても大切《たいせつ》なことだといって」

青い翼《セイビ》は、少しうつむき加減《かげん》で答えた。

ほぼ同世代のぼくらは、いつもはじゃれ合っているのに、どうしたのだろう。

その問《と》いのほんとうの意味《いみ》がわかるのには、それほど時間はかからなかった。

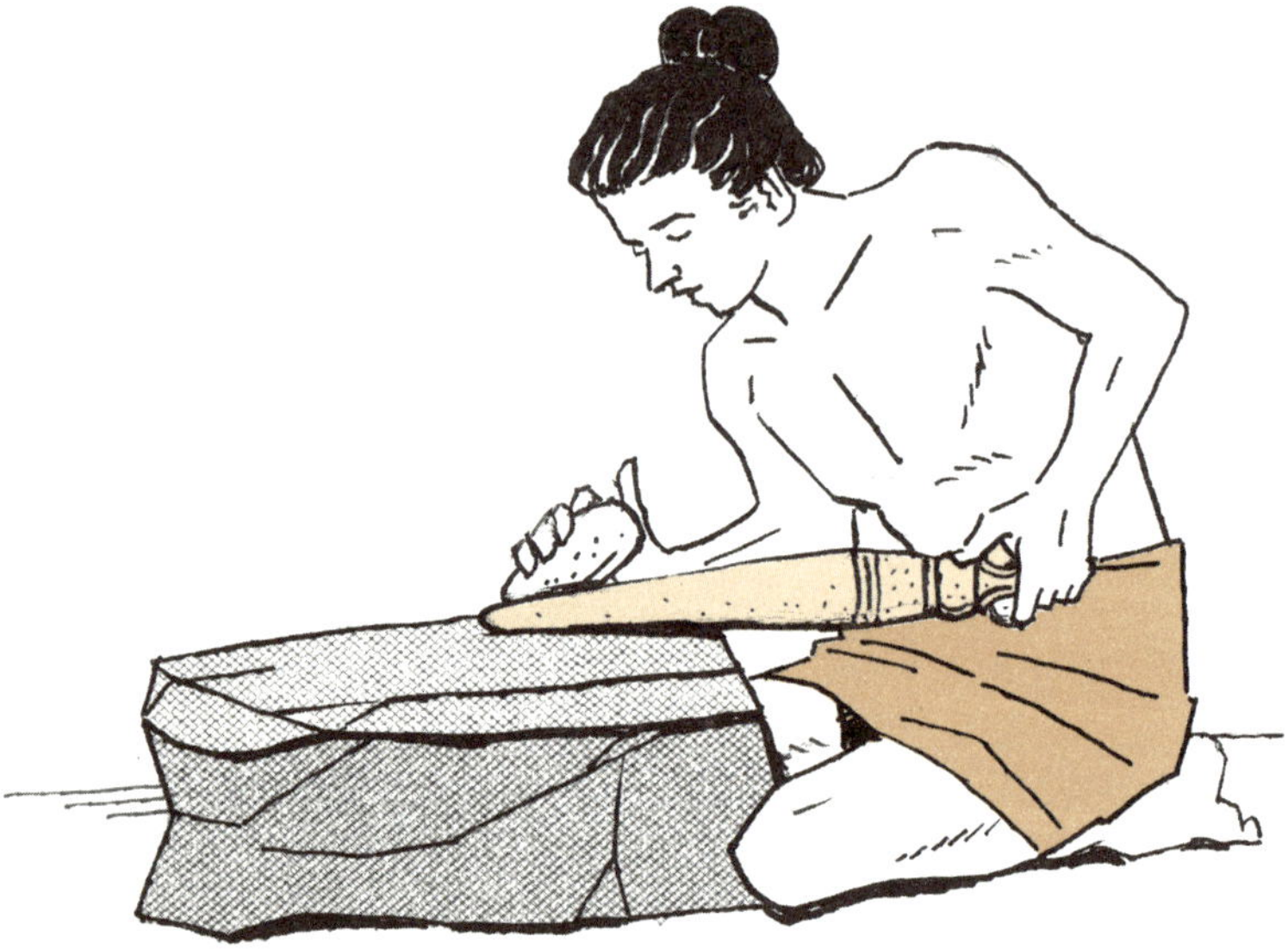

彼《かれ》が向こうを指さし、

「湧《わ》き水でちょっと面白《おもしろ》いもの作ってるぞ」

と言った。

豊富《ほうふ》な湧《わ》き水《みず》の傍《かたわ》らには平《たい》らな石の台があって、ムラの男が黙《だま》りこくって作業を続《つづ》けていた。たえず水をつけながら、比較的《ひかくてき》目の粗《あら》い砥石《といし》で、何か細長い石を研《と》いでゆく。さらにそれが棒状《ぼうじょう》になるように丸く磨《みが》き上げ、先端《せんたん》を尖《とが》らせる。一方の根元《ねもと》は、クルミくらいの瘤状《こぶじょう》に残す。根元《ねもと》の瘤《こぶ》には、鋭《するど》い石で細かな彫刻《ちょうこく》が施《ほどこ》された。

やがてきれいに洗い流されると、真っ黒な地肌《じはだ》の石の棒《ぼう》の完成《かんせい》である。50㎝くらいはあるだろうか。かざすと、鈍《にぶ》く光る剣《つるぎ》のようだ。

まあ、ボク的にはどう見てもアレに見えるのだが……。

熱心《ねっしん》に棒《ぼう》を磨《みが》き上げていたムラの男がこう説明《せつめい》してくれた。

「この棒《ぼう》は石であるがゆえ絶対《ぜったい》に萎《な》えない。常《つね》に堅《かた》さを維持《いじ》する生命のシンボルだ。そしてこれは、結婚《けっこん》し、子を授《さず》かろうとする若い男性に贈《おく》られるものである」

……って、まさにアレのことじゃんか。

青い翼《セイビ》は、この棒《ぼう》は普段《ふだん》はしっくりと包《つつ》み込《こ》むような皮のケースに納《おさ》められており、ケースは嫁《よめ》となる女性によってひと針《はり》ひと針《はり》ていねいに縫《ぬ》われるしきたりとなっていること、新婚初夜《しんこんしょや》の晩《ばん》の儀式《ぎしき》で使われること、などを教えてくれた。

そして最後《さいご》にひと言。

「じつはその〜、この石の棒《ぼう》はオレ用なんだ。来月、美しい翼《ミャビ》と結婚《けっこん》することになっている」
マ、マジか！

枯《か》れ葉の森

燃《も》えるような赤、吸《す》い込《こ》まれそうな黄、落ち葉の絨毯《じゅうたん》はフカフカと足に心地いい。

大地に色とりどりのクッションが敷《し》き詰《つ》められると、「水あふる谷」の裏《うら》へと続《つづ》く森は見通しよく明るい姿《すがた》へと変わった。そしてすぐそこまで寒い季節《きせつ》が忍《しの》び寄《よ》っている。

ボクらは石斧《いしおの》を肩にかけ、この森に入った。冬を越《こ》すための薪《まき》を大量《たいりょう》に伐採《ばっさい》するためだ。

「カーン、カーン」

石の斧《おの》を木々に打ち込《こ》む音が森にこだまする。

「木の精霊《せいれい》が泣いている声だ」

老齢《ろうれい》の銀の翼《セルビ》が言う。鋭《するど》い刃《は》が腹《はら》に食《く》い込《こ》み、木は悲鳴《ひめい》をあげているのだという。

「木の魂《たましい》を無駄《むだ》にしないよう、感謝《かんしゃ》して燃《も》やさねばならん」

ボクも見よう見まね、フルスイングでバットにボールを叩《たた》きつけるように、深いグリーンの石斧《いしおの》を木に打ちつけた。柄《え》から指先へ、そして腕《うで》へと伝《つた》わる衝撃《しょうげき》が、さらには脳天《のうてん》まで響《ひび》いた。

ボクの手は、その後数日間はジンジンしていた。

縦縞《たてじま》のある木の幹《みき》は大人《おとな》の腕《うで》くらいの太さで、ほんの数分程度で切り倒《たお》された。そして何本も何本も切り倒《たお》す作業が続《つづ》く。

枝《えだ》を石斧《いしおの》でていねいに払《はら》い、節《ふし》に縄《なわ》をかけて切り倒《たお》した木を引く。ムラに近い森とはいえ、たくさんの幹《みき》を引くにはそうとうな時間がかかった。ムラではその幹《みき》を石斧《いしおの》で30cm程度《ていど》の長さに分割《ぶんかつ》し、さらに縦割《たてわ》りにして薪《まき》に整えた。とても苦《く》労《ろう》な仕事だ。

エアコンがあればスイッチひとつで部屋は暖《あたた》まるのに。ボクは不謹慎《ふきんしん》にもそう考えた。でも電気はどうする。結局《けっきょく》のところここでは無理《むり》な話だった。

薪《まき》は何本かをツルで束《たば》ね、乾燥《かんそう》するよう日当たりのいい場所に野積《のづ》み。その上には棒《ぼう》が渡《わた》され、樹皮《じゅひ》をつなげた簡単《かんたん》な屋根がかけられた。

「薪《まき》には、温《あたた》かい食物をみなに与《あた》え、身体《からだ》を寒さから守ってくれる火の神が宿る。冬を乗り切るため愛《いと》おしむように大切に使うのだ」

銀の翼《セルビ》がつぶやくように言った。

湧《わ》き水《みず》のまわりで

秋の収穫《しゅうかく》の季節《きせつ》、大きなトチの木の下には、パックリと皮が割《わ》れた丸っこいトチの実がたくさん落ちていた。持ってきたザルは茶色い実ですぐいっぱいになった。

湧《わ》き水《みず》のまわりでは賑《にぎ》やかな声がして、女たちによるトチの実の加工《かこう》が始まっていた。

「今年や艶《ミロク》ある実がたくさん取れたね」

トチの実のことは艶《ミロク》ある実というらしい。なんか菩薩《ぼさつ》みたいで神々《こうごう》しい名だ。手になじむ大きさの川原石《かわらいし》で、茶色くて堅《かた》いトチの殻《から》を割《わ》る。

「手を叩《たた》かないようにね」

ひときわ手のシワが深い中年の女性が、若い女性に〝気をつけて〟と声をかける。

チャッチャカ、チャッチャカと小気味《こぎみ》よく殻《から》をむくその女性のまわりには、トチの殻《から》がうずたかく積《つ》み上がっている。口を動かしながらも、手を休めない。若い女性の3倍の量はむいている。

今も昔も、いつの時代も女性パワーってのは、ハンパない！

湧《わ》き水《みず》の少し下は、石で囲《かこ》ってあって、水がかけ流される仕組みになっている。いくつもの編《あ》みカゴに入れられた大量《たいりょう》の艶《ミロク》ある実は、ここで水に晒《さら》され、アクが抜《ぬ》かれる。完全《かんぜん》にアクが抜《ぬ》けきると、すり潰《つぶ》され、火を通して、モチのようにして食べるのだという。

モコモコと湧《わ》き出している透《す》き通った水をボクは手のひらですくった。そして、一口。うまい。歯に染《し》み入るような冷《つめ》たさ。少なくとも東京では、水はうまいと感じたことはなかった。

井戸端会議《いどばたかいぎ》などというが、ムラの湧《わ》き水《みず》のまわりは男性・女性、子どもから老人まで、みなが集まってくるムラの交流の場だった。

どこまでも空が高い秋晴れの一日、青い翼《セイビ》と美しい翼《ミヤビ》のウエディングが、湧《わ》き水《みず》のまわりで行われた。すべてのムラ人が集まり、若いカップルを祝福《しゅくふく》した。

たえることない湧水《ゆうすい》は、二人の永遠《とわ》の幸せを静《しず》かに祈《いの》っているかのようだった。

許容《きょよう》

日が沈《しず》む方角には、比較的《ひかくてき》開けた土地があって、まとまった住居《じゅうきょ》のあるムラがかまえられていた。ただその日暮《ひぐ》れのムラとボクらのムラとの間には、いざこざがたえなかった。ヤツらは、巧《たく》みに弓を操《あやつ》るとても狩《か》りのうまい連中《れんちゅう》で、猟場《りょうば》での獲物《えもの》をめぐる対立がしばしばあった。

ある時、ウチの新人狩人《かりうど》の青い翼《セイビ》がヤマドリを上手《うま》く射落《いお》とし、意気揚々《いきようよう》と獲《え》物《もの》をつかむと、いきなり背後《はいご》から殴《なぐ》られた事件《じけん》があった。

「それはオレが射《い》たものだ。よこせ！」

日暮《ひぐ》れのムラの若《わか》い狩人《かりうど》がヌッと立ち、拳《こぶし》をにぎりしめていた。

「いや、これはオレが仕留《しと》めたのだ」

青い翼《セイビ》が腹立《はらだ》たしげに言う。

実際《じっさい》ヤマドリの脇《わき》には、羽根《はね》の模様《もよう》の異《こと》なる2本の矢が落ちていた。

青い翼《セイビ》がそう言うやいなや、脇腹《わきばら》にケリが入った。青い翼《セイビ》は拳《こぶし》で応酬《おうしゅう》、互《たが》いの顔がひどく腫《は》れるまで殴《なぐ》り合いが続《つづ》いた。

結局《けっきょく》、少しガタイのいい向こうの狩人《かりうど》がヤマドリをせしめていった。

「どうしたんだ、その顔は」

ムラに戻《もど》ると青い翼《セイビ》の父が驚《おどろ》いた。彼《かれ》は事の顛末《てんまつ》を話した。男たちは怒《いか》り狂《くる》って、すぐに日暮《ひぐ》れのムラへ報復《ほうふく》だ！　と息巻《いきま》いた。

「強欲《ごうよく》なあいつらに思い知らせてやるのだ！」

木を切るための斧《おの》は人を倒《たお》すための凶器《きょうき》に、獲物《えもの》を射《い》るための弓は人を撃《う》つための武器《ぶき》に変《か》わりつつあった。

いざ出陣《しゅつじん》と勢《いきお》い込《こ》んだその時、恐《おそ》ろしくシワだらけで白髪《はくはつ》の老婆《ろうば》、灰色の翼《シラビ》が近づいてきてこう言った。

「争《あらそ》いは争《あらそ》いを、血は血しか呼《よ》ばん……。ここはむしろじっとこらえて、相手を許容《きょよう》するのじゃ」

若者《わかもの》たちは、ムッとして、「バアさん何を言ってるんだ」という顔になった。

しかしそれも一瞬《いっしゅん》のことで、かまわず、相手を射貫《いぬ》く矢や斧《おの》の準備《じゅんび》が続《つづ》けられた。

ボクも親友の青い翼《セイビ》がやられたとあっては、放《ほお》ってはおけない。参戦《さんせん》だ！

その時、灰色の翼《シラビ》は、消え入るような言葉を最後《さいご》につぶやいた。

「われわれ一族の名がなぜ〝失われた翼《シツビ》〟なのか、思い起こすことじゃ」

この言葉《ことば》を聞いてから青い翼《セイビ》の父は長いこと腕組《うでぐ》みをしたまま目をつむっていたが、やがてこう言った。

「確《たし》かにそうかもしれん。傷《きず》ついた青い翼《セイビ》には悪いが……今回は涙《なみだ》を飲んで報復《ほうふく》を諦《あきら》め、日暮《ひぐ》れの一族を許容《きょよう》するのだ」

……まだ悔《くや》しさの残《のこ》っている言葉だった。

翌朝《よくあさ》、日暮《ひぐ》れのムラとの境界《きょうかい》には、矢じりに使う黒く光る石を入れた贈答品《ぞうとうひん》の皮袋《かわぶくろ》がそっと置《お》かれた。

その中には、平和と友好を示《しめ》す翡《ひ》翠《すい》の原石がそえられていた。
それは若々《わかわか》しい5月の森のように鮮《あざ》やかな翠色《みどりいろ》をした宝石だった。

土偶《どぐう》

「オオカミに脚《あし》を噛《か》み切られた！」

山に行っていた青い翼《セイビ》の弟、緑の翼《マキビ》が血をボタボタとたらしながらムラにかけ込《こ》んできた。マジか！

引きちぎられた脚《あし》の赤い肉片《にくへん》の中から白い骨《ほね》の一部が見える。かなりひどい負《ふ》傷《しょう》だ。

キズ口に薬草を塗《ぬ》った大きな葉があてられ、布《ぬの》がぐるぐると脚《あし》に巻《ま》かれた。

緑の翼《マキビ》は苦痛《くつう》に顔《かお》を歪《ゆが》めたままだ。

「灰色の翼《シラビ》を呼《よ》んでこい！」

長老《ちょうろう》が言った。

すぐさま例のシワだらけの灰色の翼《シラビ》が来て、炉《ろ》に何かくべると、室内には強烈《きょうれつ》なにおいの煙《けむり》が立ち込《こ》めた。

炉《ろ》の前には、赤く塗《ぬ》られた土の人形が置《お》かれ、天を仰《あお》ぐようにして灰色の翼《シラビ》の祈禱《きとう》が始まった。低《ひく》くうなるように、言葉ともとれないようなまじないの声がひとしきり室内に響《ひび》く。

「バキッ」

やがて老婆《ろうば》はその節《ふし》くれだった指で、土の人形の脚《あし》を思い切りもぎ取り、天へと放り投げた。放物線《ほうぶつせん》をえがいた脚《あし》は、イロリの中に落下し、煙《けむり》を立て、灰《はい》にうずもれた。

なぜかその瞬間《しゅんかん》、緑の翼《マキビ》の表情《ひょうじょう》が少し安らいだかのように見えた。

土偶《どぐう》の脚《あし》が身代《みが》わりになって、本人のケガが治《なお》るということなのか。

まさか。ボクには気のせいとしか思えなかった。

ただ、周囲《しゅうい》を見渡《みわた》しても、まっさきにかけ込《こ》むべき外科病院は見当たらない。

そうするしかないのだろうか。あたりまえだ。ここは気の遠くなるような古い世界なのだから。

失《うしな》われた翼《つばさ》

はらはらと雪が舞《ま》ってきた。

もうすぐこの谷も氷雪《ひょうせつ》で閉《と》ざされる頃《ころ》だという。

銀の翼《セルビ》じいさんは、毛皮のマットの上で胡坐《あぐら》をかき、暖《あたた》かい炎《ほのお》がゆらめく炉《ろ》を囲《かこ》んだボクらに語りかけた。


昔、この一族には翼《つばさ》があった。

大空から獲物《えもの》がいる場所を探《さが》し出し、そっとその上に忍《しの》び寄《よ》ると、鋭《するど》いクチバシで攻撃《こうげき》した。地上から獲物《えもの》を狙《ねら》う他の部族に比べると、標的《ひょうてき》を取《と》り逃《に》がすことはまったくといっていいほどなかった。だからムラ人が飢《う》えに苦しむようなことはまずなかったという。

天空を舞《ま》う翼《つばさ》は、持たざる人びとのあこがれの的だった。あるとき〝紺の翼《カシビ》〟という名の狩人《かりうど》が、山すそをかけ抜けるケモノをほとんど獲《と》ってしまった。１匹の獲物《えもの》を得《え》てからしだいに欲《よく》が出たのだ。ムラ人たちもそれを責《せ》めるのではなく、ありついた肉がつきるまで食べ続《つづ》け、勤勉《きんべん》に働《はたら》くことなく、漫然《まんぜん》と日々をすごした。

逆《ぎゃく》に地上から獲物《えもの》を追っていた峰《みね》の上にいる部族は、ケモノが一網打尽《いちもうだじん》にされたことでまったく獲物《えもの》にありつけなくなっていた。

こんな時、持てるものは持たざるものに救《すく》いの手を差《さ》し伸《の》べるという暗黙《あんもく》のルールが狩人《かりうど》の中にはある。しかし、翼《つばさ》の一族は自らの身のみを案《あん》じ、他者に与《あた》えることなく食糧《しょくりょう》を囲《かこ》い込《こ》んだ。

寒い冬が来て、峰《みね》の部族は年老《としお》いたものからしだいに命がつきていった。最後《さいご》には若者《わかもの》までが骨《ほね》と皮になって、一人残《のこ》らず餓死《がし》した。

春が訪《おとず》れ、〝紺の翼《カシビ》〟がいつものように羽ばたいて狩《か》りに出かけようとすると、昨日《きのう》まであった翼《つばさ》がないことに気づいた。それは紺の翼《カシビ》一人のみにとどまらず、一族すべての背中《せなか》から翼《つばさ》が消えていた。

怒《おこ》った天空の神が、人びとの翼《つばさ》をもいでしまったのだ。

そんなことがあってから誰《だれ》ともなく一族は〝失われた翼《シツビ》〟と呼《よ》ばれるようになった。

一族は身にしみて、命ばかりは許《ゆる》されたことを天に感謝《かんしゃ》し、勤勉《きんべん》な暮《く》らしに努《つと》めた。食べ物も他の部族と分かち合い、ひとりじめするようなことはなくなった。

「食糧《しょくりょう》を囲《かこ》い込《こ》んだこと、それ自体は、そう単純《たんじゅん》にとがめられるものではない。誰《だれ》しも明日への保証《ほしょう》を持たない不確《ふたし》かな存在《そんざい》であるのだから。しかし、目の前で倒《たお》れゆく隣人《りんじん》に手を差《さ》し伸《の》べないのは、人としてどうか」

しばらく沈黙《ちんもく》が続《つづ》いた。

「いずれにしても……生きるということは精《せい》いっぱいで、常《つね》に死ととなり合わせなのは確《たし》かよ」

パチッ。

イロリの火がはぜた。

さらに大きめの薪《まき》をくべる。

「〝失われた翼《シツビ》〟。この物語を、新しく生まれてきた命に、等《ひと》しく、そして忘《わす》れずに語《かた》り継《つ》いでほしい」

じいさんはつぶやくようにボクらに言った。

舞《ま》い降《お》りた雪は音もなく、下界《げかい》のすべてを白く包《つつ》み込《こ》んでいった。

旅立ち

翌朝《よくあさ》は、入り口の扉《とびら》が開かないくらい雪が積《つ》もっていた。それでも子どもたちは扉《とびら》をかいくぐって、元気よく雪原《せつげん》へとおどり出《で》た。朝早くからお決まりの雪投げが賑《にぎ》やかに始まっていた。

ふと誰《だれ》かが一人、家から山へとずっと続《つづ》いていく足跡《あしあと》を見つけた。たどると一人暮《ぐ》らしの銀の翼《セルビ》じいさんの住まいからだ。

銀の翼《セルビ》はこの大雪の中をどこに出かけたのか、子どもたちは優《やさ》しいじいさんの身を案《あん》じ、すぐさま家の者に報告した。

しかし、どの家の者もそれを聞いて、いったんは驚《おどろ》いたが、悲しげな目をして口を閉《と》じてしまった。

「ねえ、おじいちゃんを探《さが》しに行こうよ」

父親の手を引《ひ》っ張《ぱ》っても、その首は横にふられるだけだった。

あとで聞いた話なのだが、このムラでは人は死期《しき》を悟《さと》ると、みずから静《しず》かに山中へと消えてゆくのだという。残《のこ》された者を煩《わずら》わせないためだ。

それを引きとめたり、取《と》り乱《みだ》したり、ましてや探《さが》したりしてはならないということが、ムラの暗黙《あんもく》のルールだった。

確《たし》かに銀《セルビ》の翼《シツビ》は、失われた翼の物語を語り終えたあと、こう言っていた。

「ワシもそう長くはあるまい、そろそろ迎《むか》えが来る頃《ころ》かもしれん。人生とは川面《かわも》に浮《う》かぶ儚《はかな》い木の葉のようなもの。流れに翻弄《ほんろう》されても、運がよければ大海《たいかい》まで下り、天寿《てんじゅ》を全《まっと》うすることができる」

その言葉は自分自身にゆっくりと語りかけるようでもあった。

そして最後《さいご》に、こう結んだ。

「苦しかったこともあった。しかしほんとうに恵《めぐ》まれた生涯《しょうがい》であった。今こそ、静《しず》かに去りゆくべき時なのだ」

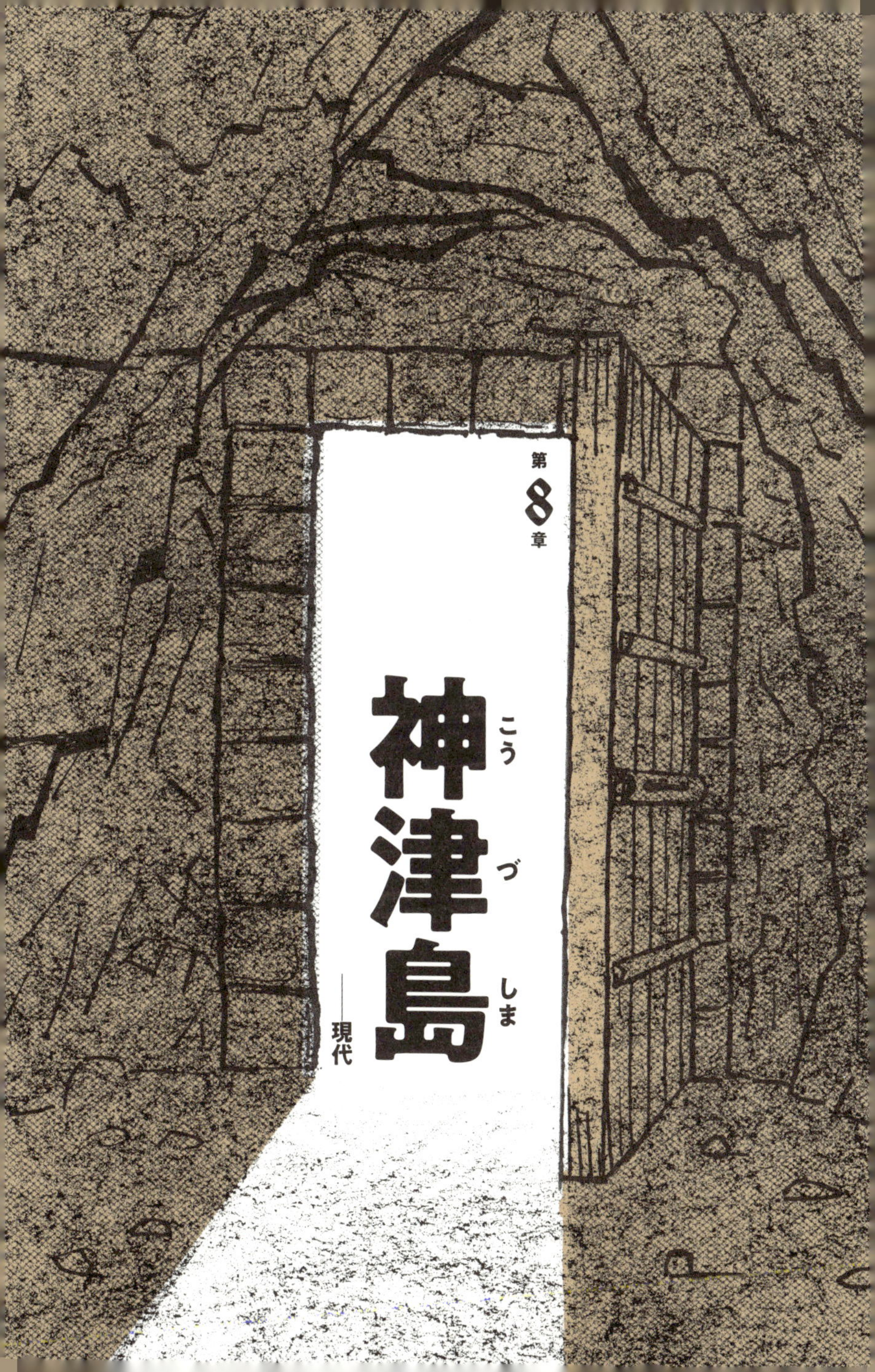
第8章
神《こう》津《づ》島《しま》
――現代

検出《けんしゅつ》

立ち入り禁止《きんし》。

長野県北相木村栃原岩陰遺跡《きたあいきむらとちばらいわかげいせき》の発掘現場《はっくつげんば》は、ボクが人骨《じんこつ》を発見したあと大騒《おおさわ》ぎになった。ロープが張《は》りめぐらされ、いったんは調査《ちょうさ》がストップした。新しい発見をマスコミに発表し、現地説明会《げんちせつめいかい》で一般《いっぱん》公開するための準備《じゅんび》である。

東都大学《とうとだいがく》の学生たちは、遺跡《いせき》が荒《あ》らされたり盗難《とうなん》にあったりしないよう、現場《げんば》前にテントを張《は》って交替《こうたい》で寝泊《ねと》まりし、警備《けいび》にあたった。

マスコミ発表の前日、真っ白な防護服《ぼうごふく》を身につけた数人の作業員が、ものものしく遺跡《いせき》に立った。彼らは東都大学大学院理学研究科《とうとだいがくだいがくいんりがくけんきゅうか》の遺伝子研究《いでんしけんきゅう》チーム。研究室に持ち帰って古いＤＮＡの抽出《ちゅうしゅつ》を成功《せいこう》させるために、特別《とくべつ》な注意《ちゅうい》をはらって人骨《じんこつ》を取り上げる必要があった。

「コンタミネーション、つまり混入《こんにゅう》を避《さ》けるため、体の露出部《ろしゅつぶ》をゼロにして現場《げんば》でサンプリングをするのよ。現代人《げんだいじん》の髪《かみ》の毛一本やフケなんかが人骨《じんこつ》に混《ま》じっただけで、遺伝子《いでんし》データに影響《えいきょう》が出てしまうから」

ショウコさんが教えてくれた。

「何千年も前の人骨《じんこつ》にDNAなんてホントに残《のこ》ってるの⁉」

素朴《そぼく》な疑問《ぎもん》をショウコさんにぶつけてみた。

「以前《いぜん》はそんな古い骨《ほね》にDNAが残《のこ》っているなんて信《しん》じられなかったのよ。でもね、ドイツのマックスプランク分子細胞生物学《ぶんしさいぼうせいぶつがく》・遺伝学《いでんがく》研究所の調査《ちょうさ》で、歯などの中に保存《ほぞん》されていることがわかったの。学界には衝撃《しょうげき》が走ったわ」

幼《おさな》い二人の兄弟の中に、いったいどのような遺伝子《いでんし》が残《のこ》されているのか、ボクには想像《そうぞう》がつかない世界だった。

遺伝子《いでんし》研究チームの調査《ちょうさ》を待つ間、事務所《じむしょ》となっている栃原公民館《とちばらこうみんかん》では、都《と》マイブンから借《か》り受けたハンディ蛍光X線装置《けいこうエックスせんそうち》による黒曜石《こくようせき》の原産地分析《げんさんちぶんせき》が、ホリさんを中心に行われていた。

この装置《そうち》で測定《そくてい》された石器《せっき》の元素成分《げんそせいぶん》が、国内の黒曜石産地《こくようせきさんち》の元素成分《げんそせいぶん》と照合《しょうごう》され、どの原産地《げんさんち》のものかが突《つ》きとめられるというわけである。ディスプレイ上に浮《う》かび上がった結果《けっか》をみてホリさんがさけんだ。

「おー、この黒曜石《こくようせき》スゲー！　神津島産《こうづしまさん》だわ！」

「ホントですか⁉」

ショウコさんも負けずに素《す》っ頓狂《とんきょう》な声。

栃原岩陰遺跡《とちばらいわかげいせき》から出た黒曜石《こくようせき》の矢じりの元素成分《げんそせいぶん》が、太平洋に浮《う》かぶ神津島《こうづしま》のものとピタリと一致《いっち》したのである。

海の貝とともに、海の石までもが、この内陸《ないりく》の岩陰《いわかげ》まで運ばれていた。

「これはもう神津島《こうづしま》の黒曜石《こくようせき》や遺跡《いせき》の調査《ちょうさ》に行くしかないな！」

「ハヤトもどう？」

姉さんの〝どう？〟は、むしろボクに選択肢《せんたくし》を与《あた》えない聞き方だった。

ホリさんはといえば……姉さんの後ろでニヤニヤ笑《わら》っているだけだった。

第8章
神津島——現代

東《とう》京《きょう》湾《わん》クルーズ

東京湾《とうきょうわん》岸《がん》の竹芝《たけしば》客船《きゃくせん》ターミナルは、行く夏を惜《お》しむかのような島への渡航客《とこうきゃく》でごったがえしていた。

8月24日PM11：00。

800人が乗船《じょうせん》できるという大型客船《おおがたきゃくせん》さるびあ丸は、まるでタイタニックのようにたくさんの乗客を乗せて出航《しゅっこう》した。

ショウコさん、ユウカさん、そしてボク。

向かうのは、竹芝《たけしば》から遥《はる》か165km、太平洋沖に浮《う》かぶ神津島《こうづしま》だ。

黒く深い海をまるで切《き》り裂《さ》くかのように船は航行《こうこう》してゆく。東京タワーがオレンジ色の光をまとい空に突《つ》き出している。

船にぶつかるくらいの超低空飛行《ちょうていくうひこう》。暗い空をいくつものボーイング機《き》が迫《せま》ってくる。その先にある羽田《はねだ》の滑走路《かっそうろ》を横に見ながら船は進んでいく。

「ナイトクルーズか〜。ロマンチックだな〜」

ユウカさんの目がうっとりしている。

月明かりが、デッキにいるボクたちの影《かげ》を、白い波しぶきの上に落としている。

神が集《つど》うといわれる島、神津島《こうづしま》は火山島で、良質《りょうしつ》な黒曜石《こくようせき》が出る島でもある。

遥《はる》か4万年も昔の旧石器《きゅうせっき》時代の初《はじ》めから、その後の縄文《じょうもん》時代の数千年前にいたるまで、島の黒曜石《こくようせき》は本州に運ばれ続《つづ》けた。

島でどのように黒曜石《こくようせき》が産出《さんしゅつ》するのか。島にどのような遺跡《いせき》が残《のこ》されているのか。そしてどんな方法で黒曜石《こくようせき》が獲得《かくとく》され、遥《はる》か海の彼方《かなた》から運ばれたのか。しかも4万年も前から。

これらの謎《なぞ》を解《と》くカギを見つけたくて、姉さんたちはやってきた。

あと数日で夏休みも終わりだというのに、宿題が終わっていないボクも、そこにノコノコくっついてきたってなわけだ。

デッキの白い手すりにつかまりながら、姉さんたちとボクはたくさんの話をした。

夏の夜、そして海の上というシチュエーションは、ボクたちの心を解放《かいほう》するのに十分だった。

「ねえハヤト、君はどんなミライを夢《ゆめ》見ているの」

のぞきこむようにショウコさんが聞く。

い、いきなり核心《かくしん》かよ。

「もちろん考古学を勉強したいな。姉さんたちみたいに……」

「姉さんたちみたいに」ってとこは、ボク的にかなりのサービス……。

「ヤメとけー！　考古学なんてモテないから」

ユウカさんがニヤニヤしながら、横からチャチャを入れる。

「3Dだし」

「は？　3D⁉って何」

「〝ダーティ（キタナイ）・デンジャラス（キケン）・ディフィカルト（キツイ）〟ってこと。日本語だと3K。それに働《はたら》いても非正規《ひせいき》から抜《ぬ》け出せないかも⁉」

ショウコさんも横から強力なパンチ。

「んじゃ、いったい姉さんたちは何で考古学やってんの？　3D脱出《だっしゅつ》して、いい給料《きゅうりょう》の仕事《しごと》みつけて、優雅《ゆうが》に暮《く》らしたくないの⁉」

とボク。

「ウッ、このボウズ、やなこと聞くナ〜。世の中にはね〜、お金に換《か》えられないことだっていっぱいあるのよ〜。わっかる〜？　ボクちゃん」

と、ドヤ顔でショウコさん。

「そう、そう、ほんとそう」

うなずくユウカさん。

「んじゃ、それってナニ？　まさかその〜〝古代のロマン〟とか、ありきたりな答えじゃないよね」

ボクが突《つ》っ込《こ》むと、二人とも黙《だま》ってしまった。

「島から戻《もど》る頃《ころ》には見えてくるかもね〜」

ショウコさんは、なんとなくその場をかわした。

島の風《ふう》景《けい》

「当船はただ今より神津島多幸湾《こうづしまたこうわん》に接岸《せつがん》します」

ＡＭ９：00。夜を越《こ》えたさるびあ丸は静《しず》かに多幸湾《たこうわん》に入った。

サーフボードをかかえたカップル。釣《つ》り竿《ざお》を手にした男性。思い思いに人びとが夏の神津島《こうづしま》のタラップを下りる。ボクら3人も、重いデイパックを背負《せお》ってそれに続《つづ》く。

背後《はいご》からは麦わら帽子《ぼうし》にサングラス、そしてアロハシャツの、どう見てもアヤシイ人物。

「へへへ、おじゃま虫だったかな～」

もしやこの昭和《しょうわ》な語り口は……。サングラスを取ると、やっぱりホリさんだった。

「ちょっとぉ、ホリさんはビーチに来ないで〜」

と、思わずショウコさん。

「まあ、まあ、ビーチは遠慮《えんりょ》して、宿でゴロゴロしてっから。オレは」

だったら海にわざわざ来なくてもいいのに……とボクは思った。

まあ、帰れともいえず、4人でタラップを下《お》りた。

出迎《でむか》えの波止場《はとば》から大きく手をふる二人の男性。

「河合《かわい》さ〜ん！　前田《まえだ》さ〜ん！」

何年も会ってない恋人《こいびと》でも見つけたみたいに、ショウコさんが思い切り叫《さけ》ぶ。

「元気そーだな」

と河合健《かわいけん》さん。船宿《ふなやど》を営《いとな》んでいて今回お世話《せわ》になる方で、島の世話役《せわやく》みたいな人だという。つれの前田正《まえだただし》さんは島のことならなんでも知っているネーチャーガイドだ。

「こちらは友達《ともだち》で植物考古学をやっている代々木優香《よよぎゆうか》。こっちは考古《こうこ》ボーイの加《か》藤隼人《とうはやと》くん、今、中1」と、ショウコさんが紹介。

「へえ〜。お勉強家なんだな〜、キミは。よろしく」

河合《かわい》さんと前田《まえだ》さんは、日焼《ひや》けした手で「ギュッ」。ボクに握手《あくしゅ》をしてくれた。

第8章
神津島——現代

ホリさんは姉さんが紹介《しょうかい》してくれないので自己紹介《じこしょうかい》。

「東京都埋蔵文化財《とうきょうとまいぞうぶんかざい》センターの堀進《ほりすすむ》です」

そういって名刺《めいし》を出した。

「まず、島を一周《いっしゅう》してみっか」と河合《かわい》さん。

ボクらはワゴン車に乗り込《こ》み、まず海を一望《いちぼう》できる展望台《てんぼうだい》へと向かった。

ワゴン車を下りたガイド前田《まえだ》さんは足取《あしど》りも軽く、丘《おか》へと続《つづ》く坂道を上ってい
く。その時々に傍《かたわ》らの植物について解説《かいせつ》。

「この緑の葉っぱは、明日葉《あしたば》。伊豆諸島《いずしょとう》の特産品《とくさんひん》。天ぷらにするとサクサクして
おいしいよ」と前田《まえだ》さん。

「食べた〜い！」

いちいち食《く》いものには反応度《はんのうど》がハイなショウコ姉さん。

丘《おか》の上には、ラッパのような紫色《むらさきいろ》の小さな花が並《なら》んで下を向いている。

「これはハマシャジン」

鮮《あざ》やかに揺《ゆ》れているユリのような黄色い花。

「これはハマカンゾウ。ニッコウキスゲの仲間《なかま》」

緑の絨緞《じゅうたん》を敷《し》きつめたような丘《おか》には、可憐《かれん》な植物が夏の太陽を浴《あ》びて精一杯《せいいっぱい》咲《さ》

いていた。展望台《てんぼうだい》に立つと、海の上にぽっかりと島が見える。

「ねえ、あれ恩馳島《おんばせじま》じゃない？」

と、ショウコさん。

石を投げたら届《とど》きそうなくらいにも見えるが、島から5㎞ほどの距離《きょり》があるという。

「そうそう、あれが恩馳《おんばせ》。質のいい黒曜石《こくようせき》がたくさん採《と》れる島。地元ではこの島をオッパシと呼《よ》ぶんだけど、恩馳《おんばせ》は溶岩《ようがん》ドーム、つまりマグマが盛《も》り上がってできた島なんだ。黒曜石《こくようせき》もマグマが冷《ひ》えて固《かた》まってできたいわば火山ガラスだから」

と前田《まえだ》さん。

どんな島なんだろうな〜。

恩馳《おんばせ》へは明日、河合《かわい》さんが自ら船を出してくれるという。でも、今は波が高く、船が大きく揺《ゆ》れるので、島に渡《わた》るのはかなり難易度《なんいど》が高いらしい。

「あぁっ、見えるう〜！」

突然《とつぜん》、姉さんが素《す》っ頓狂《とんきょう》な声で、恩馳島《おんばせじま》の右側を指差《ゆびさ》す。

見ると漢字の「八」の字のような富士山《ふじさん》のシルエット。

「旧石器人《きゅうせっきじん》が、恩馳《おんばせ》から舟《ふね》に黒曜石《こくようせき》を積《つ》んで帰る時、いいランドマークになったはず」

ショウコ姉さんは納得《なっとく》した様子でつぶやいた。

恩馳《おんばせ》から吹《ふ》いてくる湿《しめ》った潮風《しおかぜ》が、ボクらの頬《ほお》をなでた。

恩《おん》馳《ばせ》島《じま》

トビウオが海面すれすれに飛ぶ。

どこまでも続《つづ》くコバルトブルーの海。

沖宮丸《おきみやまる》は、ぐわん、ぐわん、白い船体《せんたい》を上下に揺《ゆ》さぶりながら蒼《あお》い海を進んでゆく。船尾《せんび》にいるショウコ姉さんは下を向いたまま。いつもの元気がない……と思った瞬間《しゅんかん》、

「オエッ！」

海の中に魚のエサをまいた。

少し前に酔《よ》い止め薬《ど》《ぐすり》を飲んだボクは、なんとか平気だった。ホリさんもなんとか大丈夫そうだ。ユウカさんは、船にはゼンゼン強いらしく、ピンピンしている。それどころか、舳先《へさき》に立って両手を広げ、バレリーナみたいなポーズ。何考えてんのかね～。

その瞬間《しゅんかん》、船は大きく揺《ゆ》れ、ユウカさんは海に投げ出されそうになった。

「オラ～！　危《あぶ》ねえぞー。海の藻屑《もくず》と消えてえのかぁ～」

河合《かわい》船長の声が飛ぶ。

ノリノリだったユウカさんは、神妙《しんみょう》な顔をしてペコリ。船長に頭を下げた。

船は、砂糠崎《さぬかざき》の海へと突《つ》き出した崖《がけ》をすぎる。

「流紋岩《りゅうもんがん》の白い地層《ちそう》の中に黒い帯《おび》がキラキラ見えるでしょ。これ全部黒曜石《こくようせき》の層《そう》。数百mは続《つづ》いているかな～」

と、河合《かわい》さん。

やがて船は島をぐるっと回り、恩馳《おんばせ》へとついた。島というより岩礁《がんしょう》だ。

「船の舳先《へさき》から、恩馳《おんばせ》の平らな岩場へとタイミングを見て飛《と》び移《うつ》ります。岩場はヌルッとしているので、すべって海に落ちないように！　ここいらはサメがいるからね！」

河合《かわい》さん、脅《おど》す、脅《おど》す。

まずは河合《かわい》さんがサクッと渡《わた》り、ホリさんに手招《てまね》き。

ホリさんは、おっかなびっくり飛《と》び移《うつ》る。

「おっと、っと」

飛《と》び移《うつ》った岩からバランスを崩《くず》し、海に落ちかけるホリさん。河合《かわい》さんがすかさず手をにぎって、なんとか落ちずにすんだ。

そんなこんなで、なんとか全員が無事恩馳《ぶじおんばせ》に渡《わた》ったのだった。

「スゲー!」

叫《さけ》ぶショウコ姉さん。

「これみんな黒曜石《こくようせき》だし!」

気がつくと足下《あしもと》にある野球のボールみたいなのが全部黒曜石《こくようせき》だった。波に洗《あら》われ、ゴロゴロと球状《きゅうじょう》になったらしい。割《わ》ると真っ黒な地肌《じはだ》が顔をのぞかせた。

時は流れ

恩馳島《おんばせじま》でたくさんの岩石《がんせき》サンプルを採取《さいしゅ》してから、ボクたちは宿に戻《もど》った。夕飯《ゆうはん》には、甘塩《あまじょ》っぱく煮《に》つけた島の金目鯛《きんめだい》が出て、ゴハンが進み、ホリさんは疲《つか》れて居眠《いねむ》りを始めた。

「ねえ、前浜《まえはま》に行ってみようよ！」

ショウコさんとユウカさん、そしてボクは、前浜海岸《まえはまかいがん》で少し海風《うみかぜ》にあたることにした。瞳《ひとみ》を閉《と》じると、静寂《せいじゃく》の中、波の音だけが耳に残《のこ》る。同じ浜辺《はまべ》で花火をしていた若《わか》いグループも宿に戻《もど》っていった。3人だけが浜辺《はまべ》に残《のこ》った。寄《よ》せては返す波。しばらくは無言《むごん》だった。

島への旅は、ボクらの心を少しセンチメンタルなものへと変えた。沈黙《ちんもく》をやぶったのはショウコさんだった。

「そういえば、なぜ考古学にのめり込《こ》んでいるのか、はぐらかしたままだったよね。ウチはねー、弟の死をきっかけに、両親の仲《なか》がとっても悪くなったのよ。暴《ぼう》力《りょく》はなかったんだけどさぁ、二人はいつもひどく言《い》い争《あらそ》いしてた。

私はねー、父も母も好《す》きだったから、どっちつかずでいた。とっても悲《かな》しくて、ずっとふさぎ込《こ》んでたんだ。

そんな頃《ころ》だった。新潟《にいがた》の実家の近所で発掘《はっくつ》があって、とても古い土器《どき》が見つかったの。発見された現場《げんば》に行ってワクワクした。その土器《どき》を見て、遥《はる》か過《か》去《こ》のことを思うと、今のちっちゃな悩《なや》みなんてどうでもよくなっちゃってさー。それから少しずつ考古学にのめり込《こ》むようになったんだ」

いつも能天気《のうてんき》……じゃなかった、いつも明るいショウコさんにも、そんな過《か》去《こ》があったとは知らなかった。

「言《い》い争《あらそ》いがつきてから両親二人は、まったく口をきかなくなった。結局《けっきょく》、お父さんが家を出ていった。今では他の女の人と暮《く》らしているんだけどね。

しばらくしてさー、ほとぼりが冷《さ》めた頃《ころ》、私が大学2年生、二十歳《はたち》になった時なんだけどさー、お父さんが成人《せいじん》のお祝《いわ》いにって銀座《ぎんざ》のレストランに誘《さそ》ってくれたんだ。

『ワイン飲んじゃおっかな〜』って私《わたし》が言ったら、『オマエ飲めるのか？　娘《むすめ》と酒飲めるなんて思わなかった』ってお父さん目を細めてた。

ウチの家族もいろいろあったのよ〜、でもね、何もかも時が水に流してくれた」

ショウコさんは海を見つめてつぶやいた。

「時間って不思議《ふしぎ》よねぇ」

こんどはしみじみとユウカさん。

「時が戻《もど》せたらやり直したい、そう思うことがいくつもあるわ。でも〝時間〟っていうものがわかるのは人間だけなんだって。これチンパンジー研究の松沢哲郎《まつざわてつろう》先生が言ってたことなんだけど……。

私たち人間の親戚《しんせき》のチンパンジーは、とっても賢《かしこ》くていろんなことができるみたいだけど、過去《かこ》のことや未来《みらい》のことは見えないらしい。彼《かれ》らにわかるのは〝今〟だけなの。

逆に〝今〟しか見えないんだったら、過去《かこ》に苦しんでもだえたり、将来《しょうらい》をとても不安《ふあん》に思って、心を閉《と》ざしたりすることはないんだけどね」

と、ユウカさんは言う。

ボクもチンパンジーだったら、進路のことをこんなに悩《なや》まなくてすんだんだろうな。ふとボクは、密林《みつりん》の中、木にぶら下がっている自分の姿《すがた》を想像《そうぞう》して〝クスッ〟と笑った。

人間にしか見えない時間というものの正体は、ボクにはよくわからない。でも時間の流れを信《しん》じていれば、いろんなことがきっと越《こ》えられるってことが、少しイメージできた気がした。

さらにユウカさんの話は続く。

「私は中学のとき、ちょっとした〝からかい〟にあってた。私《わたし》ねえ、今でもちょっと〝右足を引きずる〟でしょ。子どもの頃《ころ》軽い交通事《じ》故《こ》にあったからなんだけど。それを学校でマネされて、からかわれて……。ほんと、学校に行くのつらかった。

でもお母さんは『ぜったいに学校に行け』って言うの。……透《とう》明《めい》人《にん》間《げん》になりたい。学校に行ってる時、ほんとつらくてそう思ったの。

不《ふ》登《とう》校《こう》の時もあったし、登《とう》校《こう》しても一人図《と》書《しょ》館《かん》ですごす時間がだんだん多くなって……。そんな時手に取ったのが、藤《ふじ》森《もり》栄《えい》一《いち》っていう考古学者が書いた『心《こころ》の灯《ひ》』って本。

『子どもの頃《ころ》にともした心《こころ》の灯《ひ》を、どんなことでもいい、たったひとつだけでも守り続《つづ》けていれば、大人《おとな》になってからいろんなつらいことがあってもなんとか乗り越《こ》えられる』

だいたいそんな内容《ないよう》なんだけど、それが私にとって〝考古学〟だった、そんなとこかなぁ。だからね、苦しくなると、ときどきその本を開くの」

寄《よ》せては返す波。しばらく3人の沈黙《ちんもく》が続《つづ》いた。時間が止まっているような、そんな気さえした。

「そろそろ宿に戻《もど》ろうか」

と、ショウコさん。

明日はもう島を出る日だ。

自分にとって大切な〝灯《ひ》〟を見つけたい、そんな気持ちが静《しず》かに湧《わ》いてきた。

島を去る日

「フェリーの出航《しゅっこう》まで時間あっから、菊若遺跡《きくわかいせき》に寄《よ》ってみっか！」

ボクらは河合《かわい》さんのワゴン車で遺跡《いせき》へと向《む》かった。

この遺跡《いせき》では、縄文《じょうもん》時代早期の土器《どき》が見つかっていた。

「あっ、矢じりだ！」

ユウカさんが叫《さけ》んだ。

少しグレーがかった黒曜石《こくようせき》でできた逆V字形の矢じりだった。

「ここで作られた矢じりがはるばる海を越《こ》え、栃原岩陰遺跡《とちばらいわかげいせき》に運ばれたのかな〜」

ショウコさんがつぶやく。

「ねえねえ、これ何かな」

矢じりを見つけた地層《ちそう》のさらに下のほうから、ユウカさんは黒曜石《こくようせき》の石器《せっき》を見つけた。ペン先のような格好《かっこう》をしている。

「えっ！　やだ、ユウカ。これ、台形様石器《だいけいようせっき》じゃない！」

とショウコさん。

以前《いぜん》ホリさんも説明《せつめい》してくれたが、台形様石器《だいけいようせっき》とは約4万年前から3万年前の旧石器《きゅうせっき》時代、日本列島で特徴的《とくちょうてき》に使われていた石器《せっき》だ。

「ヤッター！　島で初《はじ》めての旧石器《きゅうせっき》発見！」

これまで、見つかることのなかった古い石器《せっき》の発見に、女子二人は小おどりして喜《よろこ》んだ。もちろん麦わら帽子《ぼうし》でアロハなホリさんも。

4万年前の旧石器人《きゅうせっきじん》が明らかにこの島にやってきたことが、石器《せっき》から証明《しょうめい》されたのだ。

同じ砂地《すなじ》の地層《ちそう》から、今度はボクがタマゴみたいに白くツルツルした石を見つけた。

「おー、すげーハヤト。これハンマーストーンじゃないか！」

と、ホリさんの鑑定《かんてい》。

「へ～」

何気なく手にすると、その石はとてもひんやりと冷《つめ》たかった。

その瞬間《しゅんかん》、ボクの頭の中で、何かがつながっていく気がした。過去《かこ》の記憶《きおく》が、螺旋《らせん》をたどるようによみがえってきたのだ。

そうだ！

この石は、遥《はる》か4万年前の世界で、ボクが白い鹿《マーク》に渡《わた》した石だったのだ！ 彼《かれ》が島に置《お》き忘《わす》れてきたと言って、とても悔《く》やんでいたハンマーストーンに間《ま》違《ちが》いない！

フェリーもない時代に、木の葉のように漂《ただよ》いながら、波をかき分けてこの島まで黒曜石《こくようせき》を採《と》りに来た白い鹿《マーク》、そしてボク。はるか4万年前の冒険《ぼうけん》を思わずにはいられなかった。

石は、しっくりと手になじみ、静《しず》かに語りかけている気がした。

4万年という長い長い時が、じつは今に連《つら》なっているのだということを。

エピローグ

「ウイ～ン」

ドリルの音がうなる。

クリーンルームで、幼《おさな》い縄文人《じょうもんじん》の子どもの歯にドリルが突《つ》き立てられた。

僕《ぼく》はガラス越《ご》しにその様子をながめていた。

その後、新聞の一面を大きな見出しが飾《かざ》った。

「縄文人《じょうもんじん》の遺伝子《いでんし》10％を継承《けいしょう》」

栃原岩陰遺跡《とちばらいわかげいせき》から発見された子どもの歯から抽出《ちゅうしゅつ》された核DNAから全遺伝《ぜんいでん》情報《じょうほう》が解読《かいどく》され、彼《かれ》らの遺伝情報《いでんじょうほう》の10％を僕《ぼく》たちが受けついでいることがわかったのである。

二人の幼《おさな》い兄弟の命は、悔《くや》しいけれどあの時潰《つい》えた。しかし、おそらく同じ母からその後に生まれたであろう新しい命が、彼《かれ》らと共通《きょうつう》する遺伝子《いでんし》を僕《ぼく》らの中に残《のこ》してくれていたのだ。

亡《な》くなった二人との糸がその母親を介《かい》して1万年後に暮《く》らす僕《ぼく》たちとつながった瞬間《しゅんかん》だった。

僕《ぼく》は胸《むね》が熱《あつ》くなった。

しかし残念《ざんねん》ながらその後、僕《ぼく》を過去《かこ》の旅へとつれて行ってくれたスマホは、ポケットをすり抜《ぬ》けてトイレに水没《すいぼつ》した。そしてどうしても復活《ふっかつ》はならなかった。すぐに新しいスマホを手に入れたのだが、いくら〝石器時代《せっきじだい》への招待《しょうたい》〟のサイトを探《さが》しても、ヒットすることはなかった。

僕《ぼく》は高校を出ると、1浪《ろう》して東都大学《とうとだいがく》の考古学専攻《せんこう》にもぐり込《こ》んだ。大学院の修士課程《しゅうしかてい》、博士課程《はくしかてい》では石器時代《せっきじだい》の考古学、つまり先史学《せんしがく》を専攻《せんこう》し、考古学研究室での助教《じょきょう》をへて、講師《こうし》を務《つと》めている現在《げんざい》である。

遺跡《いせき》というフィールドに立ち、発掘調査《はっくつちょうさ》を通《とお》して過去《かこ》と対話《たいわ》する。同じ志《こころざし》を抱《いだ》く学生たちとも議論《ぎろん》を重《かさ》ねる日々だ。

もちろん生活は楽《らく》ではない。でも好《す》きな道で細々とではあるが食べていけることは、とても幸せなことだと思っている。

少年のあの日に手にした過去《かこ》を自由に行き来する手段《しゅだん》を、結局《けっきょく》のところ僕《ぼく》は失《うしな》うことになってしまった。

しかし僕《ぼく》は今、考古学という正当な道をたどって、過去《かこ》を旅することに決めたのだ。

加藤隼人《かとうはやと》

過去《か》去《こ》の時《じ》空《くう》を旅して——この本を読んでくださったみなさんへ

「私たちはどこからきたのか、私たちはなにものか、私たちはどこへいくのか」

画家《がか》ポール・ゴーギャンが100年以上前に描《えが》いた彼の最高傑作《けっさく》といわれる絵《かい》画《が》がアメリカのボストン美術館にあります。人の誕生《たんじょう》から成長《せいちょう》、そして死に至《いた》る過《か》程《てい》がキャンバスに表現《ひょうげん》され、このタイトルがつけられています。

考古学とはいったい何を明らかにするべきなのか、究極《きゅうきょく》の答えをこの絵は暗示《あんじ》しています。人間の来歴《らいれき》や、人間とは何かというその本質《ほんしつ》を土の中から掘《ほ》り起こし、これから人間が進《すす》むべき道を見出《みいだ》そうとするのが考古学です。

「食えないからやめときな！」

〝考古学を本格的《ほんかくてき》に学びたい〟

私がこう思ったまさに13歳、中学生の時、良識《りょうしき》ある大人は、私にこう忠告《ちゅうこく》してくれました。

かつて考古学にのめりこんだ地方の研究者が遺跡発掘《いせきはっくつ》にうつつを抜《ぬ》かし、とても貧《まず》しい時期《じき》にもかかわらずお金をつぎ込んだため、家族まで困窮《こんきゅう》に巻《ま》き込《こ》まれたという、笑《わら》うに笑《わら》えない実例《じつれい》があったから、そうした発言《はつげん》が出たのだと思います。

そもそも私に考古学に対する関心《かんしん》が芽生《めば》えたのは小学校3年のころです。今の自宅《じたく》のある場所（長野県佐久市《ながのけんさくし》）はかつてリンゴ畑《はたけ》だったのですが、祖父《そふ》が畑《はたけ》を耕《たがや》しているとザクザクと土器《どき》のカケラが出てきました。もしこれが埋蔵金《まいぞうきん》だったら、大金持ちだったかも、ですけど。

祖父《そふ》は土器《どき》のカケラを不思議《ふしぎ》がる私に「学校に持っていって先生にみてもらったら」といいました。

3年のクラス担任《たんにん》の先生は、大昔《おおむかし》の土器《どき》であるだろうとはいってくれましたが、それ以上のことはわかりませんでした。ようやく中学生になってからその土器《どき》は、市の教育委員会《きょういくいいんかい》の学芸員《がくげいいん》の鑑定《かんてい》で弥生土器《やよいどき》であることがわかり、ウチの畑《はたけ》が円正坊《えんしょうぼう》という遺跡《いせき》であることが判明《はんめい》します。

そんなキッカケから、中学・高校では夢中《むちゅう》になって土器《どき》や石器《せっき》を拾《ひろ》い集めました。今のように刺激的《しげきてき》なゲーム機《き》やスマホもないので、そういったコレクションが少年の心を満《み》たしてくれたのでしょう。なんとなくこの物語の主人公《しゅじんこう》ハヤトに、自分を重《かさ》ねている部分《ぶぶん》があるのだと思います。

大学では、迷《まよ》わずに考古学専攻《せんこう》を選《えら》びました。そして人類《じんるい》の起源《きげん》を探《さぐ》るうえで最古《さいこ》となる旧石器時代《きゅうせっきじだい》で卒論《そつろん》を書きました。大学を卒業《そつぎょう》して長野県《ながのけん》の自治体《じちたい》に就《しゅう》職《しょく》、文化財保護《ぶんかざいほご》のための遺跡《いせき》の発掘調査《はっくつちょうさ》や、学芸員《がくげいいん》として浅間縄文《あさまじょうもん》ミュージアムという博物館《はくぶつかん》の立ち上げ、そしてその運営《うんえい》にかかわってきました。

もともと自分のオリジナルな旧石器研究成果《きゅうせっきけんきゅうせいか》をもとに博士号《はくしごう》を取りたい、そんな望《のぞ》みがあったため、37歳といういい年になってから國學院大學大学院《こくがくいんだいがくだいがくいん》に社会人《しゃかいじん》入学《にゅうがく》し、40歳でようやく念願《ねんがん》の博士号《はくしごう》を取ることもできました。

私の同世代《どうせだい》は、ほとんど一般就職《いっぱんしゅうしょく》はせず（たぶん無理《むり》）、地方《ちほう》の博物館《はくぶつかん》や教育《きょういく》委員会《いいんかい》で考古学の仕事についています。私自身《わたしじしん》もまた考古学以外の道で生きてゆくことなど、考えもしませんでした。

しかしいまや、考古学徒《がくと》には絶滅危惧《ぜつめつきぐ》の赤信号《あかしんごう》が灯《とも》っています。考古学関係の就職口《しゅうしょくぐち》が山ほどあるのに、専攻生《せんこうせい》が考古学の道を選《えら》ばないのです。実際《じっさい》、私が5年間講師《こうし》を務《つと》めた東京大学でもほとんどの学生がカタギの職《しょく》についています。研《けん》究者《きゅうしゃ》になる資質《ししつ》を備《そな》えた優秀《ゆうしゅう》な卒論《そつろん》を書く学生もいるのですが、考古学は学生のうちだけだといいます。

人生にはライフワークとライスワークとがあって、それは生涯《しょうがい》追《お》い求《もと》めるべきひとつの道と食べてゆくための仕事といえるのですが、両者《りょうしゃ》が一致《いっち》しない矛盾《むじゅん》やジレンマを多くの人が味《あじ》わいます。そうした意味では、考古学を仕事にできた私は、とても幸せな人生を送れたのだと思っています。

もしみなさんが進《すす》むべき道に迷《まよ》ったら、考古学とはいいませんが、ぜったい好きな道を歩《あゆ》んでほしいと思います。人生は今や100年、といっても余計《よけい》なことをするほど時間はありません。好きなことであれば、苦しくても乗《の》り越《こ》えられます。必死《ひっし》で取り組めば、なんとか食っていくことはできます。

安定《あんてい》よりは冒険《ぼうけん》の人生に、ぜひチャレンジしてください。

2019年6月6日

浅間山《あさまやま》を望《のぞ》む窓辺から　堤《つつみ》　隆《たかし》

謝辞《しゃじ》

考古学を通《つう》じ、日本国内だけでなく世界中に仲間《なかま》ができました。思想《しそう》や信条《しんじょう》が違《ちが》っても、過去《かこ》への探求心《たんきゅうしん》でお互《たが》いの心が通《つう》じ、その経験《けいけん》が私の血《ち》と肉《にく》になりました。これまで出会《であ》ってきた多くの考古学研究者にまずは敬意《けいい》を表《ひょう》します。

私の考古学をこれまで温《あたた》かく、厳《きび》しく見守《みまも》ってくださったのは、戸沢充則《とざわみつのり》・小林達雄《こばやしたつお》・小野昭《おのあきら》・佐藤宏之《さとうひろゆき》の各先生です。

この本の執筆《しっぴつ》に際《さい》し、斎藤成也《さいとうなるや》・諏訪間順《すわまじゅん》・工藤雄一郎《くどうゆういちろう》先生には専門的《せんもんてき》なご助言《じょげん》を頂戴《ちょうだい》しました。編集者《へんしゅうしゃ》の内田朋恵《うちだともえ》さんには執筆《しっぴつ》に詰《つ》まって折《お》れそうになる心を軌道修正《きどうしゅうせい》していただき、内田《うちだ》さんのご長男《ちょうなん》の和惟《かい》君には若《わか》い感性《かんせい》で率直《そっちょく》なご感想《かんそう》をもらいました。三木俊一《みきしゅんいち》さんの素敵《すてき》なブックデザインは謎《なぞ》めいた時間旅行《じかんりょこう》を演出《えんしゅつ》してくれています。そして北住《きたずみ》ユキさんには、イメージが飛翔《ひしょう》する素晴《すば》らしい挿画《そうが》を描《えが》いていただきました。

〝未来《みらい》ある10代に向《む》けた考古学の物語を書きたい〟

ずっと抱《いだ》き続《つづ》けてきた願《ねが》いを叶《かな》えてくださった皆様《みなさま》に感謝《かんしゃ》の気持《きも》ちを捧《ささ》げます。

読書案内

この本が対象《たいしょう》とした旧石器《きゅうせっき》時代・縄文《じょうもん》時代を中心《ちゅうしん》に、みなさんに手に取っていただけるような本をいくつかご案内《あんない》します。

やさしいマンガから、ビジュアルな写真集《しゃしんしゅう》、豊富《ほうふ》な情報《じょうほう》を詰《つ》め込《こ》んだ少《すこ》し背《せ》の伸びをした入門書《にゅうもんしょ》など、入手《にゅうしゅ》が容易《ようい》なものをご紹介《しょうかい》します。

旧石器時代

『旧石器時代ガイドブック』堤　隆（２００９　新泉社）
ビジュアルなガイドブック。旧石器《きゅうせっき》時代の全体像《ぜんたいぞう》が浮《う》かび上がります。

『列島の考古学　旧石器時代』堤　隆（２０１１　河出書房新社）
かなり専門的《せんもんてき》ですが深く知識《ちしき》を掘《ほ》り下げたい人は、挑戦《ちょうせん》してみてください。

『学習まんが　ドラえもん　ふしぎのヒストリー　①日本はじまる！
[旧石器時代]』渡辺丈彦監修（2015　小学館）
マンガで楽しく学べ、旧石器時代のことを知る、いいきっかけになります。

縄文時代

『新版　縄文美術館』小川忠博／写真　小野正文・堤　隆／監修（2018　平凡社）
縄文《じょうもん》写真集《しゃしんしゅう》。列島《れっとう》の縄文《じょうもん》時代の優品《ゆうひん》がズラリと写真《しゃしん》で勢《せい》ぞろい。

『縄文時代ガイドブック』勅使河原彰（2013　新泉社）
この時代をダイジェストに解説《かいせつ》するビジュアルな便利本《べんりぼん》です。

『縄文の暮らしを掘る』阿部芳郎（2002　岩波ジュニア新書）
遺跡《いせき》や発掘《はっくつ》というフィールドから縄文《じょうもん》時代の暮《く》らしが見えてきます。

『入門　縄文時代の考古学』谷口康浩（2019　同成社）
縄文学《じょうもんがく》の基本《きほん》を最新《さいしん》の情報《じょうほう》により解説《かいせつ》。考古学の道にすす進みたい人におすすめ。

『知られざる縄文ライフ』譽田亜紀子　イラスト／スソアキコ（2017　誠文堂新光社）
縄文人《じょうもんじん》の暮《く》らし全般《ぜんぱん》がイラスト入りでとてもポップに解説《かいせつ》されています。

『縄文人がぼくの家にやってきたら!?』山田康弘（2014　実業之日本社）
縄文人《じょうもんじん》が現代にやってきたらという設定《せってい》で、現在と過去《かこ》の暮《く》らしのちがいが楽しく語られています。

『信州の縄文時代が実はすごかったという本』藤森英二（2017　信濃毎日新聞社）
縄文王国信州《じょうもんおうこくしんしゅう》のガイド。本を片手《かたて》に長野《ながの》の遺跡《いせき》めぐりをすると楽しいですよ。

その他

『遺跡から調べよう！⑴旧石器・縄文時代』設楽博己（2013　童心社）
代表的《だいひょうてき》な遺跡《いせき》を50選《えら》び、遺跡《いせき》からどんな時代像《ぞう》が見えてくるのか、ビジュアルに解説《かいせつ》されています。

『学習まんが　日本の歴史1　日本のあけぼの』設楽博己監修（2016　集英社）
旧石器《きゅうせっき》・縄文《じょうもん》・弥生《やよい》・古墳《こふん》時代の歴史がマンガでわかりやすく学べます。

『ジュニア日本の歴史① 国のなりたち』小畑弘己ほか著（2010　小学館）
最新《さいしん》の情報《じょうほう》をもとに、教科書《きょうかしょ》の先をゆく古代《こだい》の歴史が描《えが》かれています。

『想像するちから　チンパンジーが教えてくれた人間の心』
松沢哲郎（2011　岩波書店）
人間とは何かということを、進化《しんか》の隣人《りんじん》チンパンジーが教えてくれています。

ミュージアムへ行こう！

そして、ここにある本を片手《かたて》にあなたの町のミュージアムを訪《たず》ねてみませんか。たとえばこの本に出てくる長野県《ながのけん》浅間縄文《あさまじょうもん》ミュージアムでは、縄文《じょうもん》時代の暮《く》らしをながめながら、土器《どき》づくりや火おこし、弓矢体験《ゆみやたいけん》などができます。もしかしたらこの本の著者《ちょしゃ》に会《あ》えるかもしれません。

浅間縄文ミュージアム http://w2.avis.ne.jp/~jomon/

堤 隆《つつみ・たかし》

1962年長野県生まれ。國學院大學大学院修了。博士（歴史学）。専門は先史時代の考古学。1992年藤森栄一賞受賞。2007年岩宿文化賞受賞。2014年第1回日本旧石器学会賞受賞。現在、明治大学黒耀石研究センター特任教授。日本旧石器学会会長。

国立科学博物館日本館および国立歴史民俗博物館の旧石器時代の展示監修。

主な著書に、『旧石器時代ガイドブック』（2009 新泉社）、『列島の考古学 旧石器時代』（2011 河出書房新社）、『黒曜石 3万年の旅』（2004 NHKブックス）他多数。

（画）北住ユキ《きたずみ・ゆき》

イラストレーター。東京在住。セツ・モード・セミナー卒。MJイラストレーションズ卒。TIS公募2016年銅賞。HBファイル2016年特別賞（鈴木成一選）。絵本『せかいのはてをめざして』（2011 フレーベル館）、『天馬のゆめ』（2016 新日本出版社）などの作画のほか、装画、挿し絵などで活動中。

13歳からの考古学

冒険考古学 失われた世界への時間旅行

２０１９年７月26日　第１版第１刷発行
２０２４年11月２日　第２版第１刷発行

著者
堤　隆

発行者
株式会社新泉社
東京都文京区湯島１-２-５　聖堂前ビル
ＴＥＬ０３-５２９６-９６２０
ＦＡＸ０３-５２９６-９６２１

印刷・製本
萩原印刷株式会社

ISBN 978-4-7877-1918-8　C0021